Orixás
comportamento e personalidade de seus filhos na
Umbanda

José Luiz Lipiani

Orixás
comportamento e personalidade de seus filhos na
Umbanda

4ª edição

PALLAS

Rio de Janeiro
2012

Copyright©1995
José Luiz Lipiani

Produção editorial
Pallas Editora

Copidesque
Silvia Schwingel Dias

Revisão
Kátia Ferreira dos Santos
Gisele Barreto Sampaio

Diagramação
Cid Barros

Capa
Bruno Cruz

Todos os direitos reservados à Pallas Editora e Distribuidora Ltda. É vetada a reprodução por qualquer meio mecânico, eletrônico, xerográfico etc., sem a permissão por escrito da editora, de parte ou totalidade do material escrito.

Este livro foi impresso em fevereiro de 2012, no Armazém das Letras, no Rio de Janeiro.
O papel de miolo é o offset 75g/m², e o de capa cartão 250g/m².

CIP-BRASIL. CATALOGAÇÃO-NA-FONTE.
SINDICATO NACIONAL DOS EDITORES DE LIVROS, RJ.

L738o
4ª ed.
2ª reimp.

Lipiani, José Luiz, 1955-
Orixás — comportamento e personalidade de seus filhos: compreenda melhor a si mesmo e a seus semelhantes através da umbanda / José Luiz Lipiani. — 4ª ed. — Rio de Janeiro: Pallas, 2012.

ISBN 978-85-347-0332-1

1. Deuses da Umbanda.. 2. Orixás — Influência sobre o homem. 3. Personalidade. I. Título.

99-0717

CDD 299.63
CDU 299.62

Pallas Editora e Distribuidora Ltda.
Rua Frederico de Albuquerque, 56 – Higienópolis
CEP 21050-840 – Rio de Janeiro – RJ
Tel./fax: (021) 2270-0186
www.pallaseditora.com.br
pallas@pallaseditora.com.br

SUMÁRIO

Parte 1: Introdução 1
   Capítulo 1: Origem dos Orixás 3
   Capítulo 2: A criação do Mundo Segundo as Lendas Iorubás ... 7
      Lenda da criação do mundo 8
      Interpretação 9

Parte 2: Os Orixás 13
   Oxum 14
   Iemanjá 18
   Nanã Buruquê 22
   Iansã 24
   Os Orixás Femininos e os Homens 30
   Ogum 32
   Xangô 36
   Oxóssi 40
   Obaluaê (Omolu) 43
   Oxalá 46
   Exu 48
   Considerações Finais 52

Parte 3: As Ciências Adivinhatórias e os Orixás 55
   Capítulo 1: A Astrologia e os Orixás 57
      Simbolismo Planetário e Axé dos Orixás 57
      Os Orixás e o Mapa Zodiacal 58
      Os Orixás e os Símbolos dos Planetas 59
      Os Orixás e as Dignidades e Fraquezas dos Planetas 62
   Capítulo 2: A Fisiognomonia e os Orixás 67

Estudo do Perfil 68
A Palma das Mãos 70
Cor dos Cabelos e dos Olhos 70
O Aspecto Corporal 71
Voz 71
Capítulo 3: Quiromancia 73

Parte 4: Sobre a Umbanda 77
Capítulo 1: O início da Umbanda 79
Capítulo 2: Os Pilares da Umbanda 81
O Pensamento do Oriente 81
O Pai Mané Quimbandeiro ensina sobre a Lei do Carma 82
Jesus de Nazaré 83
O Candomblé 86

Apêndices 88
Apêndice 1: Ebós (Arriadas e Trabalhos) 89
Apêndice 2: O Sincretismo Católico 92
Apêndice 3: A Lua e os Filhos de Iemanjá 94

Parte 1
INTRODUÇÃO

A intenção maior deste livro é ajudar o leitor a compreender sua vida e nela viver sem mágoas, rancores ou desamores.

Sabendo-se que vem da incompreensão, tanto pessoal como coletiva, a maioria das desavenças, aqui iremos explicar os "porquês" do comportamento de cada um, a fim de que todos possam olhar para seus semelhantes com respeito e deles colher o que têm de melhor.

Essa tarefa, que a muitos pode parecer quase impossível, torna-se viável desde que se saiba de antemão como são seus semelhantes.

A Quiromancia, a Astrologia, a Fisiognomonia e tantas outras ciências ditas ocultas vêm a nós para nos informar sobre como é esta ou aquela pessoa em seu caráter e personalidade. Entretanto, embora essas informações sejam de grande importância, são de caráter muito pessoal e não permitem uma visão coletiva. Para entender esse lado, temos como base as vidas, histórias e lendas dos Orixás. Vamos primeiro entender o porquê de tal possibilidade, para só depois entrarmos na questão propriamente dita.

Para muitos, os Orixás não passam de energias ou manifestações vibratórias; comumente são chamados de forças da natureza. Entretanto, para antropólogos que estudaram e pesquisaram as origens de suas lendas, são mais do que isso, como mostra a verdadeira história dos Orixás, encontrada na região da África onde existiram as Nações Iorubás.

Tudo começa com a fundação da cidade de Ifé. Essa cidade, situada entre os Rios Oshun e Ogotun, se destacou das demais por sua prosperidade e suas conquistas.

Ela foi fundada e administrada por um Olofim (rei) chamado Odudua. Seu poder era de tal tamanho, que muitas histórias e lendas se formaram em torno dele; porém, daremos maior importância à que nos foi trazida por Pierre Verger, um francês que, no início do século XX, se embrenhou naquelas regiões e, de tanto estudar e pesquisar suas seitas, teve o direito de se tornar um Babalaô.

O que é um Babalaô? E por que se dá tanta importância ao fato de ser Pierre Verger um Babalaô?

Um Babalaô, antes de ser um médium de incorporação – o que não é necessário para ele –, tem de ser um homem sábio, que saiba guardar segredos, que tenha uma memória privilegiada, e, principalmente, que receba, através dos búzios, o direito de ser um Babalaô. Durante anos, essa pessoa receberá de seus instrutores centenas de lendas, obrigações e trabalhos, que nada mais são do que o segredo da vida e do destino de cada um dos filhos de terra dos Orixás. Por isso, esse homem tem como obrigação não deturpar as lendas, e fica preso às orientações de seus mestres.

Porém, esse raciocínio não ocorreu a certos antropólogos que também por lá estiveram e que nos trouxeram, em livros que posteriormente serviram de meio de pesquisa a autores nacionais, informações sobre lendas de cuja veracidade os verdadeiros Babalaôs, como Verger, duvidam.

A lenda que Verger nos traz sobre a fundação da cidade de Ifé é por demais ilustrativa. Ela nos permite entender e interpretar muitas das situações que vivemos na Terra. Ao lado dela, utilizo as tantas outras lendas trazidas pelos Babalaôs, que contam sobre os convívios e confrontos entre os Orixás, junto com o produto de meus vinte anos de mediunidade consciente, em que tive por obrigação ouvir aconselhamentos de meus guias aos filhos de terra. Com tudo isso é que tenho condições de, através dos Orixás, explicar, tanto de forma pessoal como coletiva, o caráter e a personalidade de cada ser humano.

Capítulo 1
ORIGEM DOS ORIXÁS

As lendas Iorubás são histórias que nada perdem por serem escritas como fábulas. Sem a intenção de descaracterizar as verdades, elas vão contando, no limiar do "mais ou menos certo", a vida de nossos Orixás.

Para que consigam enfatizar tanto o caráter pessoal como o coletivo dos Orixás, as lendas se apresentam de duas formas: primeiro, as que contam, de certa forma corretamente, sobre suas histórias (de onde vieram, de quem nasceram, onde reinaram, etc.); segundo, as que contam sobre passagens de suas vidas que nunca ocorreram de fato, mas que nos servem para entender como eles se dão entre si e, por conseqüência, como nós, seus filhos, nos daremos.

Partindo das lendas que contam suas histórias, podemos dizer que tudo começa com a vinda de Ogum, que ora aparece como filho mais velho de Olofim Oduduá, fundador da cidade de Ifé, ora como comandante supremo do exército dessa cidade, o que não descarta a possibilidade de ele ter sido as duas coisas.

Ogum era um valente guerreiro, considerado por seus admiradores e inimigos como um ser imortal. Em suas inúmeras guerras, desbravou vitoriosamente toda aquela região, tornando-se inclusive Rei da Cidade de Irê. Guerreiro e vencedor, não conhecia a derrota; com as mulheres também era vitorioso, e com elas teve diversos filhos, entre os quais Oxóssi, filho de Ogum com Oiá, e Oranian, filho de Ogum com Lakangê.

Oxóssi, conhecido como o caçador de uma flecha só, após ter livrado a cidade de Ifé de uma grande maldição, tornou-se um homem rico e foi posteriormente Rei de Keto. Já Oranian, como o pai, tornou-se um grande guerreiro, chefe de um grande exército e dono de várias mulheres. Fundou e foi o primeiro Rei da cidade de Oyo. Numa de suas aventuras amorosas, foi pai de Xangô. Este não negou o sangue e também se fez um grande guerreiro; Xangô conquistou e se fez Rei de Kosso, para depois destronar o meio-irmão Dada Bayani, que tinha herdado o Reino de Oyo.

Os Orixás femininos não têm, como os masculinos, lugar e início tão definidos; porém, sabe-se que eles aparecem nas lendas mostrando sempre as mesmas características pessoais, embora sejam casados, ora com um, ora com outro Orixá. Iemanjá se unirá aos Orixás mais velhos. Numa de suas manifestações, é a única mulher de Oxalá; noutra, se liga a Orumilá, que é o dono de todos os jogos adivinhatórios; noutra, foi mulher de Ogum; e, por fim, foi mulher de Oduduá. Já Oxum, que se apresenta de muitas maneiras e idades, aparece ligada a praticamente todos os Orixás: foi a servidora dileta de Oxalá; mulher de Orumilá; e esposa de Ogum, Xangô e Oxóssi. Iansã, sendo muito jovem, ora aparecerá envolvida pelas manhas masculinas de Ogum, ora feliz e mais assentada como esposa de Xangô.

Repare que nem Omulu nem Nanã foram mencionados. Isso ocorre porque registros comprovam que suas existências vêm de data muito anterior à chegada de Ogum, o rei dos metais (o que é comprovado pela ausência de objetos de metal em suas cerimônias). Suas origens estão mais para o Oeste, nas regiões de Tapas. Conta-se que Omolu, Rei de Tapas, depois de um combate contra a cidade de Mahi, foi tão bem acolhido pelo povo derrotado, que lá se fez Rei e nunca mais voltou ao seu reino anterior; é assim que a lenda conta sua vinda para a região em que viviam os outros Orixás.

Todas as regiões a que se referem as lendas ficam no interior do Golfo da Guiné, numa extensa área onde hoje estão os países africanos da Nigéria, Benin e Togo. Isso mostra que nossos Orixás não vieram em grupo, nem tampouco reinaram na mesma época ou na mesma região. Enquanto na Umbanda e no Candomblé os Orixás trabalham em conjunto sob as ordens dos Criados e de Oxalá, na África, em sua vida terrena, isso não se deu assim. Lá, encontramos, dependendo da região, um de nossos Orixás como o deus maior, podendo os demais serem até desconhecidos.

Então, como e quem reuniu os Orixás africanos no Brasil?

Os escravagistas amontoavam, nos mercados de escravos, negros de todas as regiões, reunindo assim seus credos e suas cerimônias. Embora os escravos fossem proibidos de seguir religiões diferentes da religião dos donos, eles conseguiram cultuar suas seitas às escondidas. Como nas senzalas estavam reunidos negros vindos de diversas regiões, obviamente desde então começaram a se reunir os Orixás. Essa união foi reforçada pelos Babalaôs, já que as antigas lendas mostravam ser possível tal união. E assim se fez. Depois do fim da proibição dos cultos africanos no Brasil, os Candomblés continuaram a reunir os Orixás; diferente da África, onde, até hoje, cada nação tem as cerimônias específicas apenas de seu Orixá.

Como este livro tem o interesse de comparar os Orixás e seus filhos, peço ao leitor que se aperceba da ordem de chegada deles, pois assim já estará entendendo o porquê da natureza infantil, jovial, adulta ou velha que venha a se incorporar à nossa personalidade; esse aspecto da lenda é que explica o fato de um velho parecer jovem e um jovem, seu inverso.

Para fechar esse capítulo, podemos acrescentar que, como Jesus de Nazaré desceu à Terra para dar seu testemunho e nos guiar por suas palavras, também nossos Orixás, de certa forma, aqui vieram para mostrar, através de seus atos, como agiriam seus descendentes ou filhos de cabeça.

Capítulo 2
A CRIAÇÃO DO MUNDO SEGUNDO AS LENDAS IORUBÁS

Para conhecermos as vidas dos nossos Orixás, precisamos falar um pouco sobre as lendas africanas, já que é através delas que teremos condições de defini-los e classificá-los.

Quando os Babalaôs contam suas lendas, antes de tecer qualquer comentário ou conclusão, eles repetem a história por inteiro, como o mestre do mestre do seu mestre repetia, para só depois ajudar o consulente a interpretá-la e assim chegar à conclusão necessária. Essas lendas são contadas e recontadas através dos Babalaôs e seus discípulos sem nunca serem modificadas. Porém, quando essas lendas são reduzidas ou simplificadas no meio popular, deixam de ser lendas de raiz para se tornarem histórias correntes na boca comum que, não tendo a seriedade dos Babalaôs, podem até descaracterizá-las.

As lendas de raiz têm características próprias. Elas não são contos comuns, que na forma de um texto corrido narram uma história. Ao contrário, elas são contadas através de sucessivas afirmações que fazem ressaltar, antes de qualquer coisa, as características pessoais de seus personagens e a forma como eles agem em determinada situação. É por causa dessa forma de narrativa que temos condições de facilmente entender como são e como agem nossos Orixás e, em conseqüência, seus filhos.

Como tudo começa com a fundação da cidade de Ifé, a lenda que narra esse fato é uma das mais importantes e esclarecedoras. É com ela que vamos dar início aos ensinamentos a respeito de como somos através de nossos Orixás. A história que se segue é uma redução da lenda de raiz; porém, nos pontos importantes para nossa interpretação, entrará entre aspas o texto original. Nessa lenda, o Criador é chamado de Olodumaré, que significa "o Deus Supremo que mora no Além".

LENDA DA CRIAÇÃO DO MUNDO

O Criador vivia no além, rodeado de seiscentos deuses, duzentos à sua direita e quatrocentos à sua esquerda, deuses que ele próprio havia criado. Os deuses da direita eram desleais, orgulhosos, brigões e não davam um minuto de descanso ao Criador que, num instante de impaciência, os devolveu ao nada, com exceção de Ogum. Aos restantes, ele disse:

"Eu vou criar um outro lugar.

Vocês, aí, serão numerosos.

Cada um será chefe e terá um lugar para si.

Cada um terá seu poder e seu trabalho próprio."

E assim fez. Criou o que tinha prometido, deu a todos aquilo de que necessitariam e mandou que fossem se informar com Orumilá (o testemunho do destino) sobre o que deveriam fazer para obter sucesso em tal empreitada.

Assim foi feito; todos passaram por Orumilá, respeitando suas determinações. O único que não as acatou foi o próprio comandante da empreitada, Oxalá. Este, que é muito obstinado, respondeu a Orumilá que, sendo ele mesmo a segunda pessoa da trindade, não teria de cumprir determinações que não fossem dele mesmo ou do próprio Criador. Orumilá, prevendo o pior para a criação do mundo, chamou Oduduá que, embora não tivesse a posição nem a reputação de Oxalá, também era um tipo de Obatalá. Orumilá lhe disse:

"Se tu fores capaz de fazer a oferenda que vou indicar, este mundo que criarei será teu."

Oduduá fez a oferenda e ficou à espera.

No dia da criação do mundo, Oxalá reúne os quatrocentos deuses, chefiados por Ogum, e todos seguem caminho. Chegando à fronteira entre o Além e o mundo a ser criado, encontram Exu, o responsável por todas as cancelas e pela segurança nas estradas, que lhes cobra sua oferenda. Mais uma vez, o obstinado Oxalá lhe nega qualquer pagamento e segue viagem. Exu, então, aponta sua cabacinha mágica para Oxalá, que passa a ser atormentado por uma enorme sede. Oxalá bebe abundantemente o vinho de um dendezeiro, se embriaga e adormece. Diante desse quadro, todos os Deuses se sentam à espera do despertar de Oxalá. Porém, Oduduá lhe rouba o saco da criação e volta ao Criador para informá-lo do ocorrido. O Criador, sabendo do acontecido, diz a Oduduá:

"Ah! Se assim é,
tu que encontraste o saco da criação,
toma-o, vai criar o mundo."

Oduduá volta à fronteira. Paga a Exu e comunica aos demais que ele é quem irá criar o mundo. Isso faz com que parte do grupo o acompanhe. Com a ajuda da oferenda recomendada por Orumilá, Oduduá consegue colocar o conteúdo do saco da criação no lugar determinado, e a Terra cresce; com isso, ele exclama: "Ilê Nfé" ("a Terra expande"), que veio a ser o nome da Cidade Santa de Ilê Ifé.

Quando Oxalá acorda e fica sabendo o que acontecera, volta ao Criador para se explicar. Então, ouve o que ele tem a dizer sobre sua embriaguez:

"Não bebas mais, nunca mais, desta água.
O que fizeste foi grave; porém,
Não tendo criado a Terra,
Tu criarás todos os seres vivos:
Os homens, os animais, os pássaros e as árvores."

INTERPRETAÇÃO:

Nessa lenda, podemos ressaltar o fato de Oxalá, através de sua obstinação, não ter respeitado a lei do Criador, já que não acatou as ordens de Orumilá, nem a lei da Terra, já que não acatou a exigência de Exu, sem o qual não se faz nada.

Nosso grande Orixá aqui nos serve de exemplo: se ele, que é o maior entre nós, não teve êxito com sua obstinação, imaginem nós, que não somos ninguém!

A essa lenda segue-se outra, que trata da guerra entre Oxalá e Oduduá, pelo comando da Terra. Nela, o que mais se realça é a força de

Orumilá, já que, além de ter conseguido a paz, ainda fez, graças a seus esforços, com que Oduduá chegasse à velhice, apesar dos muitos que queriam vê-lo morto para agradar a Oxalá.

Essa lenda destaca o fato de existirem 401 deuses (o grupo dos deuses Imalés chefiados por Ogum e mais Oxalá) depois que o Criador destruiu os 200 Deuses da sua direita. Esses deuses Imalés nada mais são que nossos Orixás; embora a lenda destaque apenas Ogum e Oxalá, todos os outros estão ali presentes e representados entre os 401 Imalés. O Umbandista pode estar se perguntando como tão poucos Orixás poderão somar um número tão grande como 401. A explicação é simples, e só não fica logo visível porque a Umbanda costuma desprezar e não esclarecer a seus filhos a questão dos diversos tipos existentes para cada Orixá. Ogum, por exemplo, tem 7 tipos; Xangô, 12 tipos; Oxóssi, vários, entre os quais Oreluerê, Inlê, Ibualama, Logunedê; Iansã, 9 tipos; Oxum, 16 tipos; Iemanjá, 7 tipos. Omolu, por ter a história mais antiga entre os Orixás masculinos, não tem quantidade definida, o mesmo se dizendo de Nanã. Os Orixás Funfum (os de cor branca, regidos por Oxalá) são em número de 154. Se somarmos todos eles e mais os Deuses africanos que a Umbanda não aproveitou, certamente iremos alcançar o número 401.

Outra forma de entender a origem desses 401 deuses é a seguinte: dos 401 Imalés que desceram à Terra, 154 eram brancos (Orixás Funfum, guiados por Oxalá) e os restantes eram negros. O branco pode ser interpretado como clareza, certeza e sabedoria, enquanto o negro pode ser visto como trevas, incerteza e dúvida; dessa forma, os sábios viriam a ajudar os necessitados, aqueles que precisassem de evolução. Entre as várias possibilidades adivinhatórias que o Jogo de Ifá oferece ao Babalaô, o jogo do Odu, através das combinações de duas jogadas de 16 búzios, informa sobre os 256 tipos de destinos (16 vezes 16) que cada um de nós pode viver. Se somarmos estes dois números: o dos 154 deuses brancos que nos encaminham, com o dos 256 tipos de destinos que vivemos, encontraremos 410, que é um número muito próximo do dos 401 Imalés que desceram à Terra. Essa lenda mostra como se combinam a criação e o local onde ela se deu, os comandantes e os comandados.

Tentemos entender mais a fundo as partes da lenda onde o Criador diz:

1 – Eu vou criar um outro lugar;
2 – Cada um será chefe e terá um lugar para si;
3 – Cada um terá seu poder e seu trabalho próprio;
4 – Vocês aí serão numerosos.

Analisemos cada um desses pontos separadamente.

1 – Eu vou criar um outro lugar: para Olodumaré, criar um outro lugar significa dar uma graduação superior ou fazer evoluir um lugar já existente. Estamos falando da nossa Terra. Sabemos que, antes da criação de Ifé por Olofim Oduduá, os Orixás Omulu e Nanã Buruquê já reinavam em outras regiões africanas. Sabendo que nem Nanã nem Omolu utilizam metais, é de se supor que a criação de Olodumaré nada mais seja que a passagem da Idade da Pedra para a do Fogo, que derreteria e moldaria os metais; e diz a lenda que, junto com a vinda da nova era, novas mentalidades se formariam na Terra, através desses novos imalés (nossos Orixás). Quero ressaltar que, se Olodumaré se desfez dos imalés da direita, foi porque, provavelmente, eram eles que reinavam sobre a Terra no Tempo da Pedra. Podemos supor que, para a passagem para o terceiro milênio, certamente Olodumaré estará criando novos imalés, já que estes que aqui estão, como diz a própria lenda, não devem estar lhe dando "um minuto de descanso" e, "num instante de impaciência e cólera", o Criador poderá promover nova substituição.

2 – Cada um será chefe e terá um lugar para si: cada um será chefe, porque cada um coordenará seu domínio e cuidará de seus filhos; e o lugar de cada um será o local da natureza onde atuam os poderes de cada um: para Iemanjá, o mar; para Xangô, a pedreira; para Oxumaré, o arco-íris; para Iansã, os ventos e raios; para Nanã, a chuva; para Oxum, as cachoeiras, rios e lagos de água doce; para Oxóssi e Ossain, as matas; para Omolu, o cemitério; para Oxalá, os picos das montanhas; e Ogum, que é o comandante, estará em qualquer lugar.

3 – Cada um terá o seu poder e o seu trabalho próprio: a partir dessa afirmativa, podemos supor que, assim como os Orixás têm comportamentos diferentes de acordo com a natureza que o Criador deu a cada um, também seus filhos terão, na vida, suas próprias metas evolutórias. Diferente da justiça dos homens, que a todos julga por uma única medida, a justiça divina usará o critério mais adequado a cada um.

4 – Vocês aí serão numerosos: aqui está a essência da razão pela qual os seres humanos, embora sendo da mesma espécie, são tão diferentes entre si. Cada espécie animal criada por Oxalá segue uma única e preestabelecida lei do instinto; porém, o ser humano, embora tendo instintos em comum, é dividido em grupos que se comportam de formas particulares. Quando Olodumaré diz "Vocês aí serão numerosos", está querendo dizer que os numerosos somos nós, os filhos dos Orixás; nós somos como células de seus corpos, que se entrelaçam como uma enorme colcha de retalhos que cobre toda a Terra.

Em que isso nos importa? Que sentido prático tem em nossa vida? Os divãs dos analistas e psicólogos estão cheios de pessoas com problemas de comportamento, de pessoas que não se dão com os pais ou com os filhos, de pessoas que não se entendem com o meio onde vivem. As diferenças de uma pessoa para outra são tantas e tão marcantes, que dão espaço aos escritores para que criem seus contos, seus romances, suas novelas. O mundo é uma verdadeira novela onde se colocam, à vontade da Criação, no mesmo roteiro, ou em cada casa, em cada família, em cada lugar de trabalho ou instituição, diversos personagens de caráter e personalidade distintos. Eles são filhos dos Orixás. Partindo do princípio divino de que os Orixás são obras de Deus, e que, em conseqüência, também o é a influência que eles exercem sobre nós, não cabe ao homem julgar seu familiar ou semelhante, baseado simplesmente no tolo fato de não o entender. Se cada um é como é graças a essa intervenção divina, não cabe a nós, homens, nos revoltarmos contra a natureza de nossos semelhantes, mas sim aceitá-la. Para cada falta de compreensão, haverá sempre uma reação negativa que, de forma introvertida ou extrovertida, só servirá de semente ao desamor, mágoa ou ressentimento; porém, se, pelo contrário, houver, entre os filhos de Orixás diferentes, aceitação e respeito à mão divina que os criou desiguais, essas diferentes formas de viver irão somar suas forças em harmonia.

Das diversas lendas existentes, muitas delas foram feitas com a intenção de sabermos que este ou aquele Orixá, por particularidades próprias, não se une com facilidade a outro; e advertem para o que poderá acontecer se não houver compreensão entre as partes. Essas advertências, ao mesmo tempo em que se aplicam aos Orixás, se referem também aos seus filhos na Terra.

Parte 2
OS ORIXÁS

A partir de agora, nosso livro irá contar com detalhes quem são nossos Orixás e como seus filhos tendem a assimilar suas vibrações. Antes, porém, devemos realçar que ninguém é filho de um só Orixá. Todos recebem vibrações de todos os Orixás, mas eles irão dosar sua influência de acordo com a ordem de importância que tenham na cabeça de cada filho. Assim, podemos dizer que o primeiro Orixá, chamado Elegum, é responsável por 60% a 80% das influências recebidas pela pessoa; o segundo Orixá (o Juntó ou Adjuntó) é responsável por 10% a 30% dessas influências; e os demais Orixás exercem influência quase imperceptível. Isso explica por que um filho de Ogum, que é teimoso por natureza, poderá ser ainda mais teimoso, se o segundo Orixá for a voluntariosa Iemanjá; como poderá ser mais brando se Ogum estiver associado a uma doce Oxum.

Embora não seja uma regra absoluta, geralmente, na cabeça de um homem, virá primeiro um Orixá masculino e, em segundo lugar, um feminino; já com as mulheres se dará o inverso, vindo primeiro um feminino e em segundo um masculino. Isso nos dá a idéia de que todos nós teremos um pai e uma mãe de cabeça. Isso não deve ser confundido, entretanto, com a relação da pessoa com sua família. Costumamos dizer que um filho puxou ao pai ou à mãe de terra; isto só será verdade se seus Orixás coincidirem. O que podemos afirmar com certeza é que os filhos de terra irão puxar mesmo a seus pais de cabeça.

OXUM

Esse é o Orixá da paz e da união; é a mãe benevolente que nos leva pela mão, para que passemos pela vida nesta Terra. Muitos são seus ensinamentos, e todos nos servem para a confraternização. Esse Orixá tem na beleza, elegância e sensualidade sua grande identidade; mas esse lado mulher, que tanto cativa os homens, não tem em sua essência nenhuma intenção de ser maior que ninguém; o que quer é transmitir o belo e trazer a tranqüila felicidade para a vida.

Diz a lenda que, no tempo da chegada dos Orixás à Terra, se organizavam reuniões onde as mulheres não tinham voz tampouco presença. Os homens, vangloriando-se de suas forças, tratavam-nas arrogantemente como "um nada". Oxum, muito aborrecida, resolveu mostrar que não só os músculos teriam voz sobre a Terra e, sem mexer um músculo sequer, como se simplesmente se ausentasse deste planeta, fez com que tudo se tornasse árido; as florestas, de tão secas, pareciam verdadeiros espinheiros; os rios, tão necessários para a vida das aldeias, tornavam-se pequenos córregos que não supriam suas necessidades; as mulheres se tornaram estéreis, e a elas faltava a candura, tão necessária para restaurar os companheiros após um dia de trabalho. É claro que, diante desse quadro, nada do que os Orixás masculinos discutiram e resolveram sobre o crescimento da Terra obteve progresso; muito pelo contrário, a Terra estava prestes a sucumbir. Por conta de tantos fracassos, os Orixás masculinos voltaram ao além, a fim de se aconselhar com Olodumaré.

Este afirmou claramente que, sem a presença de Oxum, dona das águas doces e do poder da fecundidade por onde tudo se renova, nenhuma das deliberações realizadas pelos grandes e fortes Orixás serviria de nada. Diante de tamanha lógica, nada restou aos Orixás que não fosse rogar a Oxum para que os perdoasse; e, a partir daí, passaram a se reunir respeitando e aceitando o que cada um tinha a dar, sem usar mais a prepotência anterior. Essa lenda é clara como a água e mostra-nos que cada filho de terra necessita daquele que, com sua natureza, possa nos proporcionar serenidade, tranqüilidade e paz; pois sem isso nós, que em nossa grande maioria somos guerreiros e voluntariosos, acabaríamos por nos matarmos mutuamente.

Existem 16 tipos de Oxuns que, embora iguais em sua essência, podem vir a ter particularidades completamente diferentes. São elas:

Yeyé Odó – reina nas nascentes dos rios.

Oxum Ijumú – rainha de todas as Oxuns, que a servem por seu poder maior, tem estreita ligação com as bruxas Iyami-Ajé. Essa ligação é que faz as Oxuns alcançarem a vitória em suas brigas ou vinganças.

Oxum Ayalá (ou Alanlá) – a avó, que foi mulher de Ogum. Essa particularidade permite perceber que ela é uma das mais velhas. Como a anterior, também tem grandes ligações com as bruxas.

Oxum Oxogbô – recebe o nome de uma importante cidade Iorubá. É a ela que devem se dirigir todas as mulheres que queiram dar à luz ou que procuram saúde para toda a gestação.

Oxum Apará – a mais jovem de todas, com gênio guerreiro.

Oxum Abalu – a mais velha de todas.

Yeyé Oga – velha e brigona.

Oxum Ajagira – muito guerreira.

Yeyé Kare – muito guerreira.

Yeyé Oké – muito guerreira.

Yeyé Onira – guerreira.

Yeyé Iponda – guerreira.

Yeyé Olóko – que vive nas florestas.

Oxum Popolókum – que reina nas lagoas.

Yeyé Ipetú –

Yeyé Morin (Iberin) – feminina e elegante.

Diante de tantas Oxuns, pode-se entender claramente que suas filhas não andarão todas sobre a mesma trilha. Embora se dirijam para o mesmo lugar, serão mais rápidas e afoitas, as mais jovens; mais sábias e tolerantes, as mais idosas; mais briguentas e resmungonas, as que tiverem essa vibração; e, ainda que todas sejam vaidosas, existirão aquelas que, por o serem acima do normal, darão motivo a uma das louvações de Oxum que diz: Oxum limpa suas jóias antes de limpar seus filhos.

Em suas histórias, Oxum casou-se com vários dos Orixás (Ogum, Oxóssi, Xangô), não porque é leviana, mas porque, sendo esposa companheira e terna, mostra-se capaz de servir a qualquer esposo. Também esposou Orumilá e, por ter sabido respeitar seu ofício e guardar seus segredos, recebeu a autorização de servi-lo. Dessa forma, ficamos sabendo que, onde houver um jogo adivinhatório, ali estará, além de Orumilá, Oxum, que sempre o acompanha junto com Exu, que é o mensageiro entre os homens e os deuses.

A lenda contada a seguir mostra com clareza a ligação de Oxum com as bruxas. Obá, que segundo a Umbanda não povoa a cabeça de seus filhos, é o Orixá que reina sobre as mulheres truculentas e extremamente fortes, desprovidas de charme e finesse. Adora lutar (em luta programada, com platéia) e sagrou-se vitoriosa em lutas contra todos os Orixás, menos Ogum, que fez com que ela escorregasse para vencê-la e forçá-la a ser sua mulher ali mesmo (o que indica que as mulheres do tipo de Obá só se curvam a um companheiro quando ele lhes proporciona um prazer muito especial). Porém, como todas as mulheres de Ogum, Obá também o trocou pelo *glamour* de Xangô. Aqui é que veremos a conduta de Oxum. Obá, forte e truculenta, sem nenhum atrativo maior que encantasse seu esposo, pediu a Oxum, muito prendada nas tarefas do lar, que lhe ensinasse a cozinhar. Oxum, que já disputava com Iansã a predileção de Xangô, não queria mais uma na disputa e logo enganou Obá. Aproveitando-se de que tinha um lenço nos cabelos que cobria as orelhas, Oxum disse que agradava a Xangô dando-lhe de comer partes do seu corpo; e afirmou que a sopa de cogumelos que estava preparando continha suas orelhas. Chegado o dia de Obá cozinhar para Xangô, como era de sua vontade servir bem ao marido, arrancou uma das orelhas e a cozinhou para o esposo. Xangô, enojado com o que via no prato, mostrou sua cólera, enquanto Oxum tirava o lenço da cabeça para mostrar que ainda estava bela. Isso trouxe sérias conseqüências, que só foram contornadas pela força de Xangô.

A louvação a Oxum é: "Ore yeyé o", que significa "chamemos a benevolência da Mãe". Vários reis iorubás saúdam Oxum dizendo: "Minha Mãe".

Seu dia da semana é sábado. No Candomblé, sua cor é o amarelo-ouro, mas na Umbanda é o azul-celeste. Os cariocas a saúdam no dia 8 de dezembro, dia de Nossa Senhora da Conceição.

As filhas de Oxum nasceram para servir. Primam pela paz e por ela se esforçam tanto que não têm quizilas (brigas) com nenhum dos Orixás de Umbanda. São supermães, vivem para os filhos e para seus semelhantes; entretanto, sendo mal compreendidas e vendo-se diante de cobranças contra a sua natureza, poderão se mostrar como coitadas, dando-se muito ao choro e às lamentações. Como não costumam entrar em discussões, acabam por se deixar comandar por terceiros. É comum ouvi-las reclamarem da vida, afirmando que muito dão e pouco recebem; porém, dar-se é uma característica da sua natureza e, se elas reclamam por isso, não estarão reclamando dos outros, mas de si mesmas. Como as Oxuns são em número de 16, dependendo da idade com que se apresentem, poderão ter a sexualidade aflorada ou não. Por sua vaidade e beleza, correm o risco de ter contra si a inveja e o olho grande das outras; como normalmente não possuem a intenção de revidar os golpes que recebem, guardarão tudo para si, quaisquer que sejam as conseqüências. Não pense, entretanto, que a filha de Oxum é santa no altar; quando quer revidar um golpe ou fazer algo que sabe que será reprovado, tendo seu Orixá parte com as bruxas, sabe fazê-lo de forma escondida e sigilosa, e dificilmente contará seu segredo.

Sua posição perante o casamento é fazê-lo eterno; entretanto, Oxum deixou Ogum, símbolo da masculinidade e autoridade, pelo *glamour* e ostentação de Xangô.

Para concluir, gostaria que todos entendessem que essas pessoas, que muito dão em troca de pouco, correm o risco de serem umas eternas insatisfeitas, pois, comparando-se com as Iansãs (que têm força, vitalidade e feminilidade) e com as Iemanjás (que têm individualismo, força de vontade e disposição para realizar seus intuitos), podem se sentir simples e pequenas, o que não é verdade. Elas que, com seus temperamentos brandos, se deixam levar por terceiros, devem receber de nós toda a atenção para com seus problemas, já que dificilmente elas os deixarão transparecer.

IEMANJÁ

Iemanjá, cujo nome deriva de Yeyé omo eja (mãe cujos filhos são peixes), é filha de Olokum, identificado como um dos tantos Orixás Funfum (de cor branca) da Linha de Oxalá. Ele é a divindade do mar.

As lendas de Iemanjá nos contam que, como ser divino, primeiro se casou com Orumilá, senhor das adivinhações, para depois se casar com Olofim-Oduduá; porém, como personagem histórica, primeiro se casou com Oduduá, Rei de Ifé, com quem teve dez filhos que se tornaram Orixás. Sentindo-se cansada de seu matrimônio, Iemanjá fugiu em direção ao Oeste. Chegando a Abeokutá, Okere, o Rei do lugar, admirado com sua beleza, pediu-a em casamento. Ela aceitou, impondo-lhe a condição de que nunca zombasse do tamanho de seus seios, já que, por ter amamentado tantos filhos, eles haviam se tornado enormes. A união se fez, com todas as promessas firmadas, e ali Iemanjá foi feliz por um certo tempo. Entretanto, durante uma festa, seu esposo, após ter bebido mais do que devia, não media mais seus passos nem suas palavras. Tendo ele sido insultado por Iemanjá, por conta de um esbarrão que lhe dera, explicou-se dizendo que esbarrara nela por causa de seus seios, que eram grandes e trêmulos. Ouvindo isso, Iemanjá, transtornada, fugiu em disparada; durante a fuga, tombou, deixando cair sua bolsa, que continha uma garrafa mágica dada por Olokum, na época de seu primeiro casamento. Olokum lhe dissera que, caso necessitasse de ajuda ou fuga, deveria quebrá-la no solo; dali nasceria um rio, que a levaria ao seu reino no mar. E assim se deu: com a queda, a garrafa se quebrou e Iemanjá, transformando-se num rio, passou a descer para o litoral. Seu marido, porém, contrariado com sua fuga, transformou-se numa montanha, impedindo seu caminho. Iemanjá tentou contorná-lo, mas seu esforço era inútil, pois Okere se movia e se tornava intransponível. Vendo-se acuada, chamou por seu mais poderoso filho, Xangô, que, ouvindo suas explicações, disse-lhe que, no dia seguinte, após ter recebido determinada oferenda, abriria seu caminho e ela continuaria sua jornada. Iemanjá lhe ofertou tudo o que ele pedira e, no dia seguinte, começaram a se concentrar, em cima de Okere, nuvens que vinham de todos os lados; após se concentrarem em grande quantidade, um enorme trovão se fez ouvir, acompanhando um grande raio, que partiu o monte ao meio. Assim se abriu caminho para Iemanjá, que, indo para o mar, nunca mais retornou.

Através dessa história, muito se pode conhecer sobre Iemanjá e suas filhas. O fato de muitas de suas lendas acabarem por ter Iemanjá fugindo para o mar, mostra o quanto as Iemanjás são dadas às fugas. Em nossas vidas, suas filhas não irão necessariamente sair correndo todas as vezes em que se sintam injuriadas, pois, para sair da situação, bastará que elas finjam ser alguém que não são ou que se ajustem a uma situação que abominam: aí está caracterizada a fuga. Chama a atenção, na lenda, a radicalização da ida ao mar sem volta; voluntariosas como são, se se escondem por muito tempo atrás de um falso rosto alegre ou de um falso bem-estar, em algum momento se sentirão tão injuriadas com a situação que, moídas pelas mágoas acumuladas, darão as costas de vez a qualquer um ou a qualquer lugar.

As imagens de santas que estamos acostumados a ver nos gongás certamente não correspondem à sua silhueta: sendo elas imagens de sereias, com corpos esguios e seios miúdos, essas não condizem com os verdadeiros seios de Iemanjá que, grandes e volumosos, servem para nos mostrar que, embora tenha amor por seus filhos, sempre os considerará um peso em sua vida; por isso, cria-os rapidamente para a vida, sem os paparicos das Oxuns.

Outra característica muito marcante das Iemanjás é salientada pelo fato de que, mesmo estando em fuga, se supõe que, acuada e perseguida pelo antigo casamento, ainda impõe condições para desposar um novo Rei. Obviamente, aqui está representado seu lado voluntarioso, que tanto as caracteriza no convívio com os demais filhos de terra.

Sua louvação é: "Odô Iyá Iemanjá, Ajejê Lodô! Ajejê Nilê!", que significa: "Mãe das águas, Iemanjá, pedimos paz nas águas e paz no lar".

Existem sete qualidades de Iemanjás, que são:

Iemowô – na África, é a mulher de Oxalá.
Iamassê – mãe de Xangô
Euá – um rio africano.
Olassá – uma lagoa africana. Diz-se que a Iemanjá ligada às lagoas tem, como as Oxuns, parte com as bruxas. São tímidas e reservadas e se incomodam com qualquer coisa que as contrarie.
Iemanjá Ogunté – casada com Ogum Alay Bebé.
Iemanjá Assabá – é manca e está sempre fiando algodão. Foi mulher de Orumilá e, por seu excesso de vontades, chegou a ser expulsa pelo marido, mesmo que momentaneamente, já que se utilizou dos búzios em proveito próprio.
Iemanjá Assessu – muito voluntariosa e respeitável.

As datas em seu louvor são: 2 de fevereiro (Nossa Senhora das Candeias), 8 de dezembro (Nossa Senhora da Conceição) e a noite de Iemanjá no último dia do ano. Na Umbanda, é Nossa Senhora da Glória e é reverenciada no dia 15 de agosto. No Candomblé, o dia da semana a ela consagrado é o sábado.

As sete Linhas de Umbanda ligadas a Iemanjá são:

1) Legião das Sereias – Chefe Oxum. Mesmo sendo um Orixá de tão grande importância, na Umbanda só é dona de uma sub-linha, embora isso não a diminua.

2) Legião das Ondinas – Chefe Nanã, na mesma situação de Oxum.

3) Legião das Caboclas do Mar – Chefe Indaiá.

4) Legião das Caboclas de Rio – Chefe Iara (Mãe d'Água).

5) Legião das Marinheiras – Chefe Tarimã.

6) Legião das Calungas – Chefe Calunguinha.

7) Legião da Estrela Guia – Chefe Maria Madalena.

Sua cor é a branca e as contas das guias de seus filhos são transparentes. Suas ervas são a colônia, as flores brancas, etc.

As filhas de Iemanjá servem primeiro à sua própria pessoa: primam por sua individualidade e liberdade. Lutam pelos seus sonhos e vontades, têm poder de liderança sobre os demais e, quando se cansam de alguma coisa ou de alguém, não pensam duas vezes antes de se afastarem. São teimosas em suas idéias e, por isso, muitas vezes se indispõem com os filhos de Ogum e Oxóssi. Têm grande amizade pelos filhos de Xangô, que uma das lendas diz ser seu filho. A filha de Iemanjá poderá, aos olhos de muitos, parecer falsa; pois, num mundo que é dos homens, ela, mulher, aprende desde cedo a usar todas as artimanhas para fazer prevalecer suas vontades.

De acordo com a lenda que fala especificamente de seus casamentos, ela se casou duas vezes e abandonou os dois casamentos: um, por se sentir anulada e extenuada, após ter tido dez filhos; outro, por um capricho pessoal, não respeitado por seu companheiro. Isso deixa bem claro o quão voluntariosa ela é.

A filha de Iemanjá servirá aos seus até onde não sinta seus ideais ameaçados. Como mãe, criará os filhos como se tivesse pressa de apresentá-los para o mundo; não terá muitos braços para acarinhá-los ou prendê-los, mas terá sempre olhos para intervir e aconselhá-los.

Diferentes das Oxuns, as Iemanjás apresentam certas dificuldades e conflitos no relacionamento com os outros filhos de terra. Porém, conhecendo sua natureza e respeitando seus ideais, qualquer um receberá sua amizade.

Por serem altamente voluntariosas e obstinadas naquilo que almejam, às vezes chegam a ser confundidas com as filhas de Iansã; porém, enquanto as Iansãs lutam por qualquer injustiçado, as Iemanjás lutarão quase sempre por causa própria.

NANÃ BURUQUÊ

Este Orixá vem de épocas tão distantes, que nenhuma pesquisa foi capaz de identificar suas origens. Seu culto se espalhou, através dos tempos, de Leste a Oeste: no Leste, ela se confunde com os cultos a Omolu, fazendo com que, em muitos casos, os dois venham a se tornar a mesma pessoa; enquanto no Oeste sua presença é única e marcante. Sendo da mesma época de Omolu e anterior à chegada de Oduduá, Nanã é considerada, em diversas cidades iorubás, como sua mãe. Nanã tem grande ligação com o filho e, por conta disso, é considerada o Orixá da morte. Nanã é um termo que expressa deferência por qualquer pessoa idosa e significa "Mãe" em diversos dialetos africanos.

Conta uma lenda que, numa gruta debaixo de um rio, morava um grande ídolo chamado Brukuno (Buruquê), que ali vivia com sua família e seus criados. Numa cidade próxima, residia um homem de nome Kondo, que era conhecido por todos como sendo de bom coração e trabalhador. Por devoção, todos os dias colocava, às margens do rio, as comidas prediletas de seu ídolo; essas oferendas alimentavam todos aqueles que moravam na gruta. Em certa ocasião, as oferendas foram roubadas por pescadores de outro local que por ali passaram. O homem ficou tão contrariado, que se mudou para sete milhas dali, rio abaixo. Brukuno, não tendo mais o seu devoto, mudou-se para outra gruta, agora na floresta. Sabendo de sua nova morada, Kondo novamente voltou a colocar oferendas; porém, não demorou muito em se mudar, pois teve suas terras novamente invadidas.

Essa história mostra características do temperamento deste Orixá e de suas filhas, representadas por Kondo. A cada roubo ou desrespeito, suas filhas, embora contrariadas, se omitem; e, a cada invasão, menor será seu espaço para a fuga. Só restando o caminho da interiorização, elas se fecharão e terão dificuldades para expressar suas reais vontades e sentimentos.

Sua louvação é: "Saluba Nanã", que significa: "Senhora Mãe de todas as Mães". Na Umbanda tem o mesmo dia que no Candomblé: o sábado. Sua cor é o lilás. É sincretizada com Sant'Ana, a avó de Jesus, e por conta disso é festejada no dia 26 de julho. Suas ervas são as mesmas de Omolu.

As filhas de Nanã são pouco numerosas na Terra. Sendo o Orixá mais velho, do longínquo tempo da pedra, ela dá às suas filhas um temperamento calmo, quase lerdo. Não são de muito reclamar e são ótimas nos serviços que requerem paciência, como as atividades repetitivas e as tarefas domésticas.

Essas pessoas não têm muita sexualidade. Quando casadas, além de respeitar demais seu companheiro, tornam a união eterna.

Quando a calma e a serenidade que lhes são peculiares em qualquer momento da vida não são respeitadas nem aceitas por pessoas ativas e dinâmicas, o conflito resultante poderá vir a ser o maior fel em sua vida; pois, como também é de sua natureza a resignação, elas sucumbirão aos poucos a essas provações. Essa dificuldade nos é mostrada com clareza na lenda onde Nanã, vendo todos os Orixás homenagearem Ogum por seus metais, resolve retrucar, dizendo que não vê motivo para tal louvação; porém, vendo-se em minoria na discussão, cala-se. É por causa dessa lenda que se diz que Nanã tem quizila com Ogum; mas, na verdade, seu significado é mais extenso. Sendo Nanã de outro tempo e tendo sua própria filosofia de vida, não tinha a intenção de mudar o jeito de ser de ninguém, mas sim de deixar clara sua própria verdade. Porém, diferente de Nanã, todos os outros Orixás, guiados por Ogum, que representam a nova mentalidade, foram enfáticos em dizer que ela estava errada. Ela, por não ser de guerra, calou-se. Se existe alguém culpado ou errado nessa história, certamente não será Nanã, e sim os Orixás da nova era que, sendo enérgicos, dinâmicos e vigorosos, e sendo maioria na Terra, insistem em não aceitar a tranquilidade e parcimônia de Nanã. Por todos esses motivos é que, para esposo de uma filha de Nanã, a melhor escolha é um filho de Omolu.

IANSÃ

Oiá-Iansã é um Orixá forte, determinada e impulsiva. Aqui mostraremos, através de lendas que envolvem seu nome, várias de suas características.

Conta certa lenda que Xangô escolheu sua esposa predileta e mais guerreira para ir por ele a uma cidade vizinha buscar a mais poderosa de suas armas, aquela que lhe dava o dom de cuspir fogo. Porém, deixou claro à Iansã que sua encomenda não poderia, em hipótese alguma, cair em mãos erradas. Seu trabalho seria ir, pegar e trazer, para por fim lhe entregar. Iansã, que não sabia do que se tratava, ficou por demais curiosa diante de tantas recomendações. Como ela vive de impulsos, sem dar importância para as conseqüências, assim que teve a encomenda nas mãos, distanciou-se da tropa para descobrir de que se tratava. Apercebendo-se do que era, não titubeou em também possuí-la.

Essa história mostra sua personalidade guerreira, já que foi a escolhida para a empreitada; curiosa, pois não deu ouvidos às recomendações; oportunista e individualista, já que tomou para si aquilo que era mais importante para Xangô; e sedutora porque, mesmo fazendo tal afronta ao marido, soube contornar a situação, já que viveu a seu lado até o fim de sua estada na Terra. Outra interpretação se refere ao seu poder de cuspir fogo: ao contrário das outras mulheres, que tendem a se calar, Iansã e suas filhas dirão e farão tudo o que lhes for conveniente no momento.

Mais uma lenda conta a insatisfação de Iansã por causa da sua incapacidade para gerar filhos. Tal problema foi resolvido por um Babalaô, que lhe aconselhou uma dieta alimentar e algumas oferendas.

Quando a lenda fala em gerar filhos, podemos interpretar que se refere a cuidar deles. Sua personalidade autoritária, aliada à dificuldade em se ver presa a qualquer situação, tornam Iansã uma mãe difícil. Sua relação com os filhos será quase sempre conturbada, principalmente quando for comparada com as demais Iabás. Não podemos, no entanto, dizer que ela está certa ou errada, pois tudo depende do tipo de comportamento que cada cultura acha mais desejável: numa sociedade onde só existisse seu tipo de comportamento, por falta de bases para comparações, não teríamos motivos para criticá-la. Em outras palavras, elas são da forma como Deus as quis fazer e, para tal problema, somente elas – e mais ninguém – poderão encontrar uma solução. A dieta recomendada pelo Babalaô indica qual deve ser esta solução: ao recomendar que ela deve substituir a carne de carneiro (masculino) de que tanto gosta por carne de cabra (feminina), fica claro que ela deve lutar contra suas atitudes masculinas (pois ela é autoritária, guerreira, agressiva e inconseqüente), simbolizadas pelo dom de cuspir fogo.

Outra lenda nos mostra que sua impulsividade faz com que, ao se deixar levar por terceiros, crie situações contraditórias em relação à justiça, sobre a qual tanto se apóia. Xangô, irritado com a impossibilidade de ter o conhecimento do poder das ervas (dado por Olodumaré a Ossain, dono de todas as folhas e de suas propriedades), convenceu Iansã de que era uma injustiça nenhum dos Orixás ter direito às folhas, e de que ele tinha um plano para resolver a questão. Sabendo que Ossain, em certos dias, pendurava suas folhas no galho de uma determinada árvore, Xangô pediu a Iansã que rodasse suas saias e provocasse um poderoso vendaval, de forma que tudo voasse, tornando possível o roubo das folhas. E assim foi feito: o vento soprou em grandes rajadas, levando os telhados das casas, arrancando as árvores e quebrando tudo o que encontrava pela frente, para por fim derrubar as folhas no chão, de onde todos os Orixás se serviram, tornando-se donos delas.

O final dessa história é melancólico, como tudo o que se faz sem base na verdade ou na razão. A verdade é que, se o Criador fez, nem o mais poderoso dos furacões poderia desfazer; e a razão, certamente, não estaria com a irracional vontade do Rei Xangô de ter tudo para si.

Pois bem: Iansã, que se deixa levar com facilidade pelas pessoas queridas (representadas por Xangô), lutando por uma idéia precipitada, a que chamou de justiça, destelhou casas e constrangeu as pessoas, agredindo assim sua base familiar; arrancou as árvores, pondo em risco aquilo que as alimenta, seu trabalho e seu sustento; quebrou tudo o que viu pela frente, tornando difícil seu relacionamento com quem a vê; por fim, embora as coisas pareçam diferentes, na verdade nada mudou, pois ter as folhas e não saber seu significado não serviu de nada. Ossain continuou com o conhecimento sobre as plantas e, como nunca se negou a servir aos demais Orixás, continua a fazê-lo, sempre que é solicitado por algum deles.

Iansã, a grande e poderosa guerreira, é o único Orixá com poderes plenos sobre os Egungun, mais conhecidos entre nós como Eguns (espíritos dos mortos). Por esse motivo, é imprescindível que todas as Casas de Umbanda prestem suas obrigações a ela e a tenham em destaque no gongá. Iansã, a mulher ardente, não tem na Umbanda a mesma cor que no Candomblé; perdeu o vermelho para Ogum e ganhou o amarelo de Oxum. Sua louvação é: "Epa Heyi Oya". Pelo sincretismo, a Santa que a representa é Santa Bárbara e, por isso, é festejada no dia 4 de dezembro. Suas ervas são a erva-santa, a espada-de-santa bárbara, as folhas de bambu e outras.

As filhas de Iansã são, sem dúvida alguma, as mais dotadas de talentos e as mais feridas por seus semelhantes. Quando digo que são feridas, não estou dizendo que elas não tenham sua parcela de culpa ou que sejam umas pobres-coitadas; muito pelo contrário. Os maiores ferimentos, segundo os psicólogos, são os que vêm de dentro de cada um; e qualquer pessoa que não tenha a cabeça no lugar se sentirá errada ao acreditar nas críticas do seu meio.

As filhas de Iansã são, sem sombra de dúvida, as mais criticadas e condenadas ao papel de rés nas bocas das fofoqueiras. Vejamos por quê. Sendo elas do elemento ar, têm pouco apego às instituições sólidas ou fixas; vivem para as idéias e os ideais; são mutáveis, extrovertidas, rápidas como o vento e com grande veia artística. Sendo também de fogo, são feitas para a guerra; não fogem das demandas, são destemidas e inconseqüentes. Regidas por Júpiter, astro da justiça, da expansão e da jovialidade, têm uma sexualidade muito forte. Essas pessoas se perdem, muitas vezes, por terem tantas características tão marcantes.

É comum vermos essas pessoas lutando por qualquer causa que achem nobre. Porém, numa batalha, morrem primeiro os mais afoitos e elas, por não temerem o perigo nem as conseqüências de seus atos, são as primeiras a falarem as palavras mais ásperas e a colocarem à vista as verdades mais ocultas. Numa guerra para a qual fossem recrutadas todas as filhas de Iabás (Orixás femininas), as de Nanã não iriam; as de Iemanjá comandariam; as de Oxum serviriam como apoio médico, psicológico, de alimentação e cuidados gerais, mas dificilmente levantariam armas; e as de Iansã morreriam em sua grande maioria. Ao fim da guerra, as Oxuns voltariam para seus lares; as Iemanjás promoveriam a paz e continuariam com o poder; e as poucas Iansãs que sobrassem receberiam, por seus esforços, medalhas sem nenhum valor prático. Ao fim, estariam enojadas da guerra e com vontade de lutar contra quem a começou.

Essa atitude não é nenhuma loucura; é realmente difícil de se lidar, mas não é tão difícil de entender. Sendo elas do fogo e da guerra, regidas por Júpiter e pela justiça, e tendo uma cabeça de ar, inconstante e rápida demais para refletir no que é melhor fazer, vivem de impulsos direcionados para combater tudo o que for injustiça. É comum ver essas pessoas lutando contra os preconceituosos, os racistas, os hipócritas, os falsos e os mentirosos; também é comum vê-las lutar por alguém que, ao fazer as pazes com seu agressor, lhes dá as costas. E lhe dá as costas, porque se sente mais igual ao antigo inimigo; a diferente, a que destoa, é a Iansã, que é muito rápida e feroz.

Aliado a tudo isso, elas podem ser consideradas mulheres de terra, donas de uma sensualidade exuberante, que se traduz no charme, nas formas de olhar, na malícia do falar, nos requebros e trejeitos, nos ares que certamente chamam a atenção dos homens. As filhas de Oxum, que também são portadoras de vaidade e beleza, usam essas qualidades para o próprio bem-estar; diferentes delas, as Iansãs, embora se sintam bem por estarem belas, querem prioritariamente ser vistas pelos homens e, com a intenção de demanda, ficar mais bonitas que as outras mulheres. Por conta da vibração de Iansã, suas filhas, quando não têm cabelos louros, estão sempre dispostas a pintá-los.

O que foi dito teria tudo para ser mais que positivo; porém, o maior carrasco da Iansã é o fato de não admitir seus próprios erros. Ao saber que errou, não se sente bem, sente-se fragilizada; alia-se a isso a vontade quase irracional de ser a mais forte; resultam disso as seguintes atitudes: após realizar um ato claramente inconseqüente, fará de tudo para não ser julgada; sendo claramente culpada de agressão, dela não se ouvirá um pedido de perdão; ao receber um acertado conselho vindo de pessoa querida, dificilmente se ouvirá uma palavra de concordância, mesmo que mais tarde venha a aproveitar o conselho.

Essa necessidade de ser sempre mais que os outros a torna uma personagem difícil no convívio familiar, como filha, mãe ou esposa. Seus familiares precisarão dar-lhe um tratamento diferenciado, para não alimentar seu comportamento agressivo. Se for vítima de cobranças descabidas, do tipo: "você é assim"; "sua irmã é melhor"; e "a filha da vizinha é uma flor"; ou se sentir que desrespeitam seus ideais, sua natureza explosiva, sua impulsividade ou mesmo sua feminilidade, ela não aceitará nenhum tipo de imposição e entrará num processo defensivo no qual suas maiores armas serão a agressão e o silêncio, pois assim não correrá o risco de ser argüida, julgada nem tampouco condenada.

É muito comum vermos as filhas de Iansã se darem com qualquer pessoa, tornando-se amigas para qualquer hora, e não se darem com aqueles com quem, por força dos laços familiares, convivem diariamente. É aí que o feitiço vira contra o feiticeiro: sendo elas as que lutam contra as injustiças, as que não toleram os fracos e covardes, passam a se condenar em silêncio, pois se consideram injustas para com seus familiares, fracas por não terem forças para romperem essas amarras, covardes por fugirem à luta necessária para se corrigirem. Não tendo facilidade para conversar sobre o que os outros certamente chamarão de seus erros, passam a lutar contra si mesmas, tornando-se cada vez mais secas e rancorosas em seu interior. Isso será visto com facilidade por aqueles que as acompanham, mas dificilmente será percebido pelos demais, para quem habilmente saberão se mostrar fortes e dispostas a ajudar.

Como profissionais, saberão sempre ganhar dinheiro. Encontrarão seu melhor trabalho no campo das idéias ou das artes. Como chefes, saberão comandar se estiverem bem consigo mesmas; sendo comandadas, serão imprevisíveis. Por fim, trabalhando por conta própria, têm sua força de vencedoras a lhes servir.

Devem se casar com um filho de Xangô ou de Omolu. Xangô, sendo rei, gosta do que é melhor, tanto para si, como para se mostrar aos outros. Portanto, para segurar a seu lado uma mulher bonita como Iansã, ele, através de seu lado polido e diplomático, irá fazer de tudo para agradá-la. Omolu é um Orixá velho, paciente e sábio, chefe supremo das almas e dono da calunga pequena (cemitério), que é a terra dos Eguns. Sendo Iansã a carregadeira de Eguns, exercendo sobre eles seu infinito poder, é óbvio que os dois têm muito em comum. Sendo ele desprovido da vontade de perder sua maior ajudante, logicamente será ainda mais paciente e saberá respeitar sua natureza.

Como mãe, por sua natureza combativa, Iansã cuidará dos filhos com carinho (a seu jeito), mas sempre com severidade, e não hesitará em deixá-los com terceiros, em benefício do próprio trabalho ou ideal. Como filha, além de tudo o que já foi dito, desejo alertar as mães sobre sua sexualidade. Não adiantará prender, punir ou impedir qualquer ação nesse assunto, pois isso poderá fazer com que a jovem se sinta vítima de uma agressão. Sentindo-se injustiçada, ela irá se controlar muito menos do que faria espontaneamente, por respeito a si mesma e aos demais, se não fosse pressionada.

OS ORIXÁS FEMININOS E OS HOMENS

Os homossexuais geralmente são muito feridos pelo preconceito alheio. Essa atitude é errada; sendo filhos de Deus e nossos irmãos, eles não merecem discriminação. Se tudo o que existe é obra divina, devemos entender essas pessoas por este caminho. A explicação que a Umbanda oferece para o fato de que algumas pessoas façam essa opção é que, em suas cabeças, em vez de haver em primeiro plano um Orixá masculino, existe um feminino; ou mesmo quando um Orixá feminino está em segundo lugar e faz sentir sua influência com muita força. Tal influência feminina é mais que suficiente para fazer um homem agir de modo que lembre uma mulher. Embora isso não seja uma lei absoluta para todos os casos, dificilmente um homem não será homossexual se tiver como primeiro Orixá qualquer um dos tipos de Iansã, um dos tipos mais jovens e vaidosos de Oxum ou ainda alguns tipos de Iemanjá. Sendo assim, esses indivíduos deverão ser tratados, respeitados e aceitos como filhos das Santas, e não apenas como homens afeminados. Então, vendo a questão por esse lado, pedimos a nossos irmãos que não julguem tampouco condenem a obra de Deus, pois sua justiça é poderosa e quem ferir o outro com o preconceito poderá vir a ter de pagar na mesma moeda.

Os homens que vivem plenamente as características dos Orixás masculinos têm outro tipo de problema com relação aos femininos. Um mundo onde a força é capaz de suplantar a inteligência, onde todas as portas são abertas aos homens, enquanto se fecham à capacidade da mulher, é sem dúvida um mundo parcial. Esse favorecimento aos homens, que por sua vez ainda se ajudam mutuamente, faz com que, para eles, a vida seja mais fácil e com menos cobranças sociais. Aliando-se a tudo isso o fato de, na maioria das vezes, terem mães ternas e carinhosas, que com sua parcialidade omitem e escondem suas falhas, os homens se tornam descuidados e acabam por se estragar. Todos os Orixás masculinos, em sua essência, são verdadeiros guerreiros e conquistadores. Costumam exaltar-se e exigir tratamento diferenciado em louvor a suas vitórias. Seus filhos de terra, imbuídos dessas influências, se tornam muitas vezes preguiçosos e dependentes das mulheres que tanto oprimem. É comum se ver, em milhares de famílias, rapazes de dez a 21 anos sem nada saber ou fazer, enquanto que muitas meninas de quinze anos já são verdadeiras donas-de-casa. As tarefas do lar são típicas dos Orixás femininos, cujas influências, necessárias para equilibrar a força dos Orixás masculinos, são reprimidas desde cedo pelo modo como são criados os meninos. Sendo assim, as cobranças a respeito das tarefas do lar, que tanto afetam o psiquismo feminino, não interferem tanto no masculino; mas o conflito entre as duas tendências vai aparecer.

OGUM

É fácil falar da grandeza de Ogum, já que ele foi o escolhido, pelo Criador, para ser o comandante de todos os Imalés. Este grande e poderoso Orixá tem comprovada superioridade sobre os demais, já que é um dos mais antigos Deuses Iorubás.

Como Orixá, Ogum é o rei do ferro e protetor de todos os que venham a trabalhar com instrumentos metálicos. Conhecido e festejado na África como padroeiro da agricultura, no Brasil perdeu essa função: os africanos, que aqui não cultivavam para consumo próprio, mas sim como escravos, viam nessa atividade seu martírio, e não algo a festejar.

Muitas são as lendas que falam sobre Ogum. Vejamos as mais interessantes. Ogum, comandante dos exércitos do reino de Oduduá, era tão importante que se tornou regente do reino quando Oduduá ficou temporariamente cego. Era um temível guerreiro; lutando sem parar com os reinos vizinhos, trazia para Ifé (cidade santa fundada por seu pai) enormes riquezas provenientes de suas conquistas. Também conquistou diversas cidades, como a de Irê, da qual se tornou rei após matar seu antecessor. Preferindo voltar a Ifé e a suas conquistas em vez de assumir o trono, passou a coroa para seu filho. Muito tempo depois, Ogum resolveu voltar a Irê para rever o filho. Mas tanto tempo se passara que ninguém mais o conhecia. Como se isso não bastasse, Ogum chegou num dia em que o povo da aldeia celebrava uma cerimônia em que ninguém podia falar, beber ou comer. Ogum chegou e foi logo perguntando pelo filho, mas não obteve resposta; disse que tinha fome e sede, mas ninguém lhe ofereceu nada. Tamanha foi a raiva de Ogum, ao se sentir insultado, que, armado com seu facão, se pôs a matar e mutilar todos os que via pela frente. Só parou quando o filho apareceu e lhe explicou sobre a cerimônia. Depois de saciar a fome e a sede com o banquete que lhe foi oferecido, Ogum, lamentando seus atos de violência, declarou que já vivera o bastante. Como Ogum é um deus encarnado e não é atingido pela morte, abaixou o sabre em direção ao solo e desapareceu pela terra adentro.

Essa lenda, além de contar muito sobre a vida do Orixá, destaca seu sofrimento e pesar por seus próprios atos impulsivos. Isso mostra que, embora seja violento, sempre questionará a própria conduta.

Outra lenda fala de seus casamentos, através da história de Iansã. Ela diz que Ogum, o ferreiro, era casado com Oiá (o verdadeiro nome de Iansã) e a ela, como a todos, fazia de ajudante. Com toda sua graça e delicadeza, ela trazia e levava as ferramentas e ainda manejava o fole que ativava o fogo da forja. Xangô, com toda a sua elegância, era o próprio símbolo do *glamour*. Ele gostava de se sentar por perto e, enquanto admirava o trabalho de Ogum, observava a beleza de Iansã, que lhe correspondia à atenção através de olhares sensuais. Tão longe foi o flerte, que o inevitável aconteceu: Oiá abandonou Ogum e fugiu com Xangô. Olodumaré, prevendo uma desgraça, interveio junto a Ogum, lembrando-o de que era o mais velho e sábio, que era o Pai Oranian (pai de Xangô), e pedindo por isso que o perdoasse. Porém, contrariando o pedido do Criador, Ogum se deixou dominar pelo ódio e pelo desejo de vingança e partiu à procura dos fugitivos. Ao encontrá-los, Oiá atacou-o para defender seus ideais; e os dois, Ogum e Oiá, atingiram um ao outro ao mesmo tempo. A espada de Ogum, ao atingir sua oponente, partiu-se em nove pedaços; e a de Oiá, que fora forjada pelo próprio Ogum para ela, partiu em sete partes seu agressor. A partir daí, ele se tornou Ogum Megê (sete) e ela tornou-se Iyamésan (a mãe transformada em nove) que com o tempo virou Iansã.

Na verdade, essa lenda alerta para o risco de que o domínio que o filho de Ogum costuma exercer sobre sua esposa pode enfraquecer os laços de sua união, principalmente se ela for filha de Iansã, que tem o "pavio curto".

O interesse de Ogum por Iansã é tão grande, que outra lenda conta que eles se casaram graças às artimanhas de Ogum. Conta a lenda que, durante uma caçada, Ogum viu um búfalo. Quando estava pronto para matá-lo, percebeu que, de dentro do animal, saiu uma mulher belíssima que, nua, se dirigiu ao rio para se banhar. Ogum, que não se deixara perceber, furtou a pele e passou a assediar a mulher. Oiá só se deixou envolver quando percebeu que não tinha mais a pele para se cobrir; porém, sua entrega foi feita com base na sinceridade e em algumas condições. Ela disse: "Eu sei que você sabe que eu sou um animal; eu sei que você escondeu minha pele e meus chifres; e que se negará a revelar o esconderijo. Ogum, vou me casar com você e viver em sua casa. Mas existem certas regras e conduta para comigo que devem ser respeitadas por você e também pelas esposas de sua casa. Ninguém poderá dizer: 'Você é um animal. Ninguém deverá utilizar casca de dendê para fazer fogo. Ninguém poderá rolar um pilão pelo chão da casa.'" Ogum concordou e ela foi com ele. Ficaram casados por vários anos e tiveram nove filhos; mas a união acabou por causa das outras mulheres de Ogum. Invejosas do prestígio de Iansã, quando descobriram a pele escondida, associando-a ao cheiro silvestre de Iansã, entenderam tudo e passaram a zombar dela, dizendo que era um búfalo. Oiá não fez por menos: matou todas as mulheres que a ofenderam e, novamente de posse da pele, despediu-se dos filhos, com quem deixou seus chifres, para que pudessem chamá-la em caso de necessidade; e voltou para as matas.

Essa lenda conta que Ogum saberá usar de armadilhas para cativar seus amores; mas dificilmente conseguirá mantê-los, principalmente se encontrar uma Iansã que ama a liberdade, pois sua tendência será aprisioná-la e desrespeitar suas necessidades.

Na Umbanda, Ogum continua sendo comandante e guerreiro invencível. Se na África seus sete nomes coincidem com os das sete cidades que formavam o reino de Irê, na Umbanda eles se tornaram os seguintes:

1) Ogum Beira-Mar – age nas orlas marítimas.
2) Ogum Yara – age nos rios.
3) Ogum Rompe-Mato – age nas matas.
4) Ogum de Malê – age contra todo o mal.
5) Ogum Megê – age nas almas.
6) Ogum Naruê – presença africana na Umbanda.
7) Ogum de Nagô – presença africana na Umbanda.

Muitos outros mensageiros de Ogum reinam nos terreiros de Umbanda, como Ogum Matinata, Ogum Sete Ondas, Ogum Sete Espadas, etc.

Seu dia é a terça-feira, sua cor é a vermelha e suas ervas são a espada-de-são-jorge, comigo-ninguém-pode, crista-de-galo, etc. No Rio de Janeiro, é festejado no dia 23 de abril, dia de São Jorge.

Os filhos de Ogum são pessoas que transmitem sinceridade e franqueza. Estão sempre procurando exercer o comando e a liderança sobre algum grupo. São excelentes militares, pois gostam de impor e seguir regras. Explosivos, podem mudar da calma ao extremo nervosismo e vice-versa, com extrema facilidade. Adoram mexer com as verdades alheias, mas, devido ao seu modo de fazê-lo, dificilmente serão odiados por isso. Representam o homem em sua maior masculinidade e sempre terão para si os olhares femininos. Lutam tenazmente por seus ideais e dificilmente desistem de alcançá-los. Apesar de seus acessos de cólera, pensam muito antes de agir e se preocupam em corrigir os erros cometidos. Não são dados a trabalhos longos; gostam de resolver tudo rapidamente, mesmo que não alcancem os 100% desejáveis. Porém, se não souberem conviver com a influência de seu Orixá, poderão se tornar autoritários, violentos, arrogantes, presunçosos e dificilmente perdoarão os que lhes fizerem mal. Como Ogum não gosta de entrar em guerras que não sejam previamente estudadas, seus filhos poderão não dar atenção a brigas passageiras, daquelas que não levam a nada; entretanto, isso é um erro, pois poderá transformá-los numa bomba-relógio, que explodirá quando acabar sua paciência.

Ogum não admite ser comandado sem receber a devida consideração e todas as explicações que considere necessárias. Por isso, como filho, encontrará dificuldades na convivência familiar se seus pais forem filhos de Omolu e Nanã Buruquê, pois esses são quase que o seu inverso; se sua mãe for de Iansã, que é guerreira e teimosa como ele; ou ainda se tiver de aturar as manias e vontades de Iemanjá. É lógico que, se houver respeito mútuo e aceitação de ambas as partes, desses atritos não sairão muitas faíscas.

Como esposo, embora seja o símbolo maior da maturidade e masculinidade, sua conduta tão atada a suas vontades e manias faz com que não se dê muito bem. Mesmo sendo o mais viril e maior conhecedor do trato devido a uma mulher, não conhecemos nenhuma lenda em que tenha acabado seus dias em companhia de uma das Iabás. É válido lembrar que, embora tenha se casado com quase todas elas, os Orixás Iansã, Oxum e Obá trocaram suas manias pelo *glamour* e conforto de Xangô.

XANGÔ

Esse Orixá se caracteriza por ser viril, atrevido, violento e justiceiro. Adora castigar os mentirosos, ladrões e malfeitores, e maneja com maestria tanto os raios como o fogo.
Como ser divino, é filho de Oranian com Iemanjá. Como ser histórico, é o meio-irmão de Dadá-Ajaká, que herdou o reino de Oyó, por ser o mais velho. Dadá amava as crianças, a beleza, as artes e a paz. Xangô, por sua vez, era o inverso: adorava a guerra e as conquistas. Tinha uma machada de duas lâminas que, colocada na boca, permitia-lhe cuspir fogo; e pedras de raio que, ao serem jogadas nas casas dos inimigos, as destruíam instantaneamente. Utilizando-se desses seus poderes, era um guerreiro invencível.
Xangô vivia distante de Oyó (cidade onde o irmão reinava). Depois de uma infância cheia de molecagens, liderando a pivetada, tornou-se um grande guerreiro e partiu para Oyó, oferecendo-se para servir ao reino como conquistador. Depois de alargar as fronteiras do reino pelos quatro lados, destronou Dadá-Aiaká e se fez rei. Reinou por sete anos, cercado de muito luxo e riqueza; construiu um castelo com cem colunas de bronze (o metal mais precioso da época), onde viveu cercado por seus filhos e por suas esposas (Oiá, Oxum, Obá). O fim de seu império chegou por sua própria culpa: a fim de testar sua nova fórmula de raio, foi, acompanhado por Oiá, para o alto de um monte dos arredores de sua aldeia e a utilizou como alvo. Tamanha foi a força da explosão, que em segundos tudo se desfez. Xangô, desesperado, partiu de volta

à sua cidade natal, acompanhado por Oiá. Porém, chegando a Kossô, sua tristeza foi tão grande, que pôs fim a sua existência na Terra: bateu violentamente com os pés no chão e afundou terra adentro. Oiá, sentindo-se solitária, fez o mesmo em Ira.

Essa lenda nos dá grandes informações a respeito de Xangô e da influência que exerce sobre seus filhos na Terra. Pode-se entender claramente que Xangô não medirá esforços para alcançar seus objetivos, tampouco ficará melindrado se, para tanto, tiver de combater pessoas de bem. Isso é comprovado nessa lenda em que destrona o irmão, um bom homem, que reinava pela paz e pelo bem dos necessitados (representados pelas crianças que tanto amava); e em outra lenda que conta como roubou a mulher de Ogum, o comandante de todos os Imalés e seu avô (pois Ogum é pai de Oranian, que é pai de Xangô). Além de seu gosto pelo luxo, riqueza e elegância, aqui também fica claro seu prazer em ser o dono e coordenador de todos os que estejam à sua volta; e isso serve tanto para seus familiares quanto para seus subordinados. É da sua natureza construir castelos para poder reinar, ao contrário de Ogum, que mesmo sendo rei, nem coroa quis usar. O fim do seu império demonstra que, como é um guerreiro invencível, seu maior rival será ele mesmo (já que foi ele mesmo quem se destruiu). Achando-se muito superior, poderá pensar que é intocável; e se não se prevenir contra isso, sofrerá e causará tantos transtornos, que sucumbirá por causa de seus atos.

Existem doze tipos de Xangô e sua saudação é: "Kawô Kabiyeci", que significa "Vamos ver e saudar o rei".

Na Umbanda, as Linhas de Xangô são divididas da seguinte forma:

1) Linha de Iansã – apesar de ser regida pelo mesmo astro (Júpiter) e de ser Orixá como Xangô, na Umbanda, ela, como as outras Iabás, será apenas dona de uma sub-linha. Porém, isso de forma alguma a diminui.

2) Caboclo Sol e Lua

3) Caboclo da Pedra Branca

4) Caboclo dos Ventos

5) Caboclo das Cachoeiras

6) Caboclo Treme-Terra

7) Dos Pretos-Velhos Guenguelê – através dessa Linha, Xangô pisa na Linha das Almas, para vir nos socorrer.

Seu dia do ano é 30 de setembro, dia de São Jerônimo; seu dia da semana é quarta-feira. Sua cor na Umbanda é o marrom e suas ervas são pára-raio, saião, levante e outras.

Como Ogum, Xangô também era, segundo as lendas, um guerreiro conquistador. Porém, já que foi rei numa das mais importantes cidades iorubás, a tendência mais evidente de seus filhos é a de se sentirem como monarcas. Xangô reinou dando muita importância à justiça e ao bem-estar de seus súditos; dessa forma, seus filhos têm a tendência de se comportarem com uma mistura de severidade e benevolência. Seus filhos, regidos por Júpiter, o astro da justiça, são pessoas voluntariosas, enérgicas, altivas e justiceiras. Como Ogum, Xangô também é dado a violentos ataques de cólera. De acordo com seu porte real, os filhos de Xangô darão muita importância ao belo, ao bem-vestir; e não medirão esforços para cativar com seu charme a simpatia dos que estiverem à sua volta, tanto no convívio familiar, como em qualquer reunião social e profissional. Porém, quando o filho de terra não conseguir conviver com as qualidades de Xangô, poderá transformá-las em seu avesso e se portará como dono da verdade. Terá uma excessiva fome de poder, não respeitará nada nem ninguém em sua busca de glória, será violento e poderá ultrapassar os limites da decência.

Como filho, mesmo sendo muito voluntarioso, só encontrará dificuldades se tiver pais de Omolu; pois, sendo ele rei, atento a todos os seus súditos e muito preocupado em ser bem-visto pelos demais, não possuirá quizila (mal-estar) gratuita com nenhum de seus semelhantes. É comum se ouvir falar sobre a quizila entre Xangô e Ogum; porém, isso é uma má interpretação da lenda em que Iansã abandona Ogum por Xangô. Realmente há, no decorrer dessa lenda, o fato da revolta de Ogum contra os dois; mas a intenção maior dessa passagem não é justificar quizilas pessoais, e sim explicar por que as Iabás trocaram Ogum por Xangô.

Já com Omolu, que é de época anterior e regido por mentalidade e filosofia de vida diferentes, Xangô encontrará grande dificuldade de se relacionar. A intensidade da divergência entre esses dois Orixás é provada pelo fato de que um filho de Xangô, sete dias antes de sua morte, é abandonado por seu Orixá, que o entrega a Iansã. Isso ocorre para que Xangô não tenha de passar pelo mal-estar de entregá-lo diretamente a Omolu no momento de seu desencarne.

Como esposo, o filho de Xangô saberá cativar sua escolhida e conviver bem com ela, qualquer que seja a filiação de sua mulher; porém, correrá o risco de provocar conflitos, caso venha a se considerar um rei intocável. Como profissional, terá sempre fortemente as características de comando e liderança de seu Pai, tornando-se assim um ótimo chefe e um bom funcionário; certamente, estará sempre à procura de promoções. Dependendo do grau de envolvimento com o lado material da vida, o filho de Xangô poderá usar de qualquer artifício para encontrar a promoção desejada. Os filhos de Xangô costumam ter vocação para a advocacia, porque, sendo regidos por Júpiter, identificam-se com a justiça.

OXÓSSI

O deus dos caçadores, que por nós é muito cultuado, na África é quase extinto. A razão disso é que, após os Babalorixás de seu culto serem vendidos como escravos no Brasil, Keto (seu país de origem) foi completamente destruído e saqueado. A grande importância desse Orixá vem de que, além de ter parentesco com Ogum, tem grande presença nas ações aventureiras. É ele que dá proteção às expedições nas matas e é um hábil curandeiro, já que convive diretamente com Ossain (dono de todas as folhas).

Destacaremos a lenda que mostra seu espírito aventureiro e seus conflitos com outros Orixás. Diz ela que na mata viviam: Iemanjá, a mãe que cuidava da casa; Ogum, o filho mais velho, que supria a despensa através de suas plantações e colheitas; Oxóssi que, sendo exímio caçador, trazia todos os dias o farto resultado da caça; e Exu que, sendo indisciplinado e insolente, foi expulso de casa. Iemanjá, alertada por um Babalaô, avisou a Oxóssi para não se aventurar em grandes distâncias, porque Ossain, que era um grande feiticeiro e gostava de sua companhia, poderia aprisioná-lo. Oxóssi não lhe deu atenção e o previsto aconteceu: Ossain lhe deu de beber umas ervas que lhe tiraram a memória, impossibilitando-o de voltar para casa. Enquanto Ogum ficou muito preocupado com o irmão, Iemanjá ficou ofendida pelo desmando do filho. Auxiliado pelo Babalaô, Ogum ficou sabendo o que acontecera e se embrenhou na mata para salvar o irmão. Como nada o detém, Ogum venceu mais esta demanda; mas, ao retornar com Oxóssi, ficou tão indignado ao ver que a mãe, ainda revoltada, não aceitava o retorno do filho, que também se foi. Oxóssi voltou a viver com Ossain e Iemanjá, desesperada, transformou-se num rio e partiu para o mar.

Nessa lenda vemos Oxóssi livre e desprendido de qualquer amarra. Ele não tem olhos para o perigo, porque simplesmente não o vê. Não é para contrariar ninguém que ele parte para tão longas distâncias; ele o faz porque é da sua natureza. Tanto isso é verdade que, quando viu a família desfeita, voltou pelo mesmo caminho. Ogum, o sábio, sempre o amparará; mas Iemanjá, muito voluntariosa e impaciente, entrará em conflito com a personalidade de Oxóssi e depois terá de se lamentar por ter agredido filho tão distinto.

Aqui cabe chamar a atenção dos pais de terra em relação a seus filhos de Oxóssi. Como Oxóssi busca a aventura e esta leva ao perigo, sendo eles jovens e inconseqüentes, correrão o risco de se aventurarem pelo vício ou por coisa pior; e contra esse risco só contarão com a voz positiva de quem possa aconselhá-los. Os filhos de Oxóssi podem facilmente entrar por um mau caminho porque, sendo avessos às discussões e situações constrangedoras, mesmo que tentem se explicar com base em seus jovens conceitos, dificilmente irão convencer aqueles que se sintam mais maduros e certos do que eles. Não conseguindo fazer valer sua voz, correm o risco de se tornarem agressivos; e assim seguirão por caminhos que, além de não lhe trazerem soluções, só servirão para aumentar suas agressões.

Na África, são também conhecidos outros deuses da caça cujos nomes se confundem com o de Oxóssi. São eles: Oreluerê, Inlê, Ibualama e Logunedê. Na Umbanda, Oxóssi continua sendo deus da caça e das matas. Suas Linhas são divididas assim:

1 – Caboclo Urubatã.
2 – Caboclo Araribóia.
3 – Caboclo das 7 Encruzilhadas – fundador da Umbanda.
4 – Caboclos Peles-Vermelhas – chefiados por Águia Branca.
5 – Caboclos Tamoios – chefiados por Graúna.
6 – Caboclos Guaranis – chefiados por Araúna.
7 – Cabocla Jurema – Linha feminina de Oxóssi.

Sua festa é no dia 20 de janeiro, dia de São Sebastião. Sua cor na Umbanda é o verde e seu dia da semana é a quinta-feira. Suas ervas são a jureminha, abre-caminho, alfavaca-do-campo e outras.

Os filhos de Oxóssi, regidos pelo elemento ar, são rápidos de raciocínio e não se prendem a nada de muito fixo ou estável. São de idéias mutáveis, extrovertidos, generosos, hospitaleiros e amigos. Com uma veia artística apurada, estão sempre cheios de iniciativas, à procura de novas descobertas e atividades. Como não apreciam discórdias, dificilmente terão quizilas com seus semelhantes.

Como filhos, serão um tanto aéreos, com dificuldade para seguir normas. Dificilmente assumirão compromissos sérios; e, por conta de seu desprendimento, muitas vezes parecerão ausentes. Tirando o fato de terem problemas com as vontades desmedidas de uma mãe de Iemanjá, não terão maiores dificuldades como filhos de qualquer outro Orixá, pois, como manteiga, conseguirão se amoldar e se desvencilhar das discussões ou de situações conflitantes.

Como esposo, o filho de Oxóssi sempre se esforçará para encontrar a paz e a alegria no lar. Porém, sua enorme vontade de mudanças, aliada à constante procura por novidades, além de não dar bases sólidas ao casamento, poderá vir a incomodar demais à sua esposa. A melhor escolha para sua companheira será uma filha de Oxum (sua esposa na lenda) ou Nanã (que tem paciência para aceitar suas aventuras).

Como profissional, terá sucesso em qualquer setor, tanto comandando quanto comandado. Terá dificuldade para manter o mesmo emprego por muitos anos; sua sede por novos horizontes faz com que, muitas vezes, seus ideais sejam maiores que a razão e a responsabilidade. Seu maior prazer estará nas artes; como profissional liberal, embora muitas vezes seja vacilante em relação àquilo que quer, terá força para vencer ou, pelo menos, para se satisfazer, já que vive muito de ilusões.

OBALUAÊ (OMOLU)

Atotô, meu pai!!! Atotô!!!
Quero deixar claro que é com muito respeito e temor que peço licença para ter a honra de falar deste Orixá, a fim de mostrar aos leitores seu real significado.

Obaluaê (Rei dono da terra) e Omolu (Filho do Senhor) são os nomes pelos quais a prudência de nossos guias nos faz denominar o grande e poderoso Sànpòná, deus da varíola e das doenças contagiosas, cujo nome é até mesmo perigoso de se pronunciar.

Sendo de época anterior à chegada de Oduduá, Omolu foi rei do território de Tapa (ou Nupé). Dono de flechas certeiras, que a quem atingissem tornavam cegos, surdos ou mancos, abatia e dizimava todos os seus inimigos. Era aclamado sob o nome de Opanije (ele mata qualquer um e o come): além de exterminar seus oponentes quando se sentia desrespeitado, ainda os presenteava com as pestes. Certa vez, indo a uma expedição de conquista ao território Mahi, no norte do Daomé, foi surpreendido por não encontrar ali nenhum guerreiro a defender o povo. Em lugar disso, recebeu uma sincera e respeitosa acolhida, em que o povo, com extrema reverência, lhe ofereceu um banquete com todos os seus pratos prediletos, cercados por muita pipoca. Diante disso, Omolu se apaziguou, resolveu que não mais os combateria e mandou que ali fosse construído um castelo para servir-lhe de moradia, pois ficaria governando aquele povo. Assim foi feito e por isso Mahi tanto prosperou; Omolu não mais voltou para Tapa, fazendo da próspera cidade de Mahi sua verdadeira morada. Essa história acabou bem porque os comandantes de Mahi, prevendo a fulminante chegada de Omolu, consultaram um Babalaô e, tendo fé naquilo que foi dito pelo "dono do testemunho do destino", prepararam o banquete e reverenciaram aquele que era um rei.

Muito se tem a dizer sobre tão grande Orixá. Dessa lenda podemos concluir que tolos são aqueles que não respeitam o Grande Senhor, pois serão dizimados, quer por sua força, quer pelo castigo que preparam para si mesmos, segundo a Lei do Carma.

Recebendo respeito, aceitação e consideração, os Omolus (filhos do Orixá) encontrarão seu ambiente ideal, sua verdadeira morada, e a ela servirão com sua sabedoria e grandeza, tornando-a próspera e vencedora. Entretanto, as flechas de Omolu, que tanto atrapalham a vida dos filhos de terra, serão particularmente perigosas para os seus próprios filhos. Caso eles dêem importância à pressão social sobre seus hábitos e costumes e, por causa disso, se revoltem contra si mesmos, estarão se assemelhando às aldeias que ousaram enfrentar seu Orixá. O filho de Omolu que não entender o lado impiedoso de sua vibração poderá se tornar cruel, sádico ou masoquista. Caberá a ele ter forças para se entender e se aceitar, para depois cobrar o mesmo dos demais.

Na África, sendo Omolu muito antigo, é identificado por diversos nomes e formas. Em muitos lugares confunde-se com Nanã Buruquê, ora sendo ela, ora sendo os dois numa só pessoa, ora sendo eles dois Orixás distintos. Não temos um número certo de suas formas ou nomes, porém todos têm a sua peculiar força e importância.

Seu dia da semana, segundo o Candomblé, é a segunda-feira. Na Umbanda, Omolu não tem Linha; mas as Linhas Africanas que têm como patrono São Cipriano são formadas por pretos-velhos que, além de o homenagearem por ser o dono do Cruzeiro, regente supremo das almas e dono dos cemitérios, usam suas guias e suas cores (branco e preto). A Linha Africana, também conhecida como a dos Milongueiros ou Feiticeiros, é assim formada:

1 – Povo da Costa – chefiado por Pai Francisco.
2 – Povo do Congo – chefiado por Pai Congo.
3 – Povo de Angola – chefiado por Pai José.
4 – Povo de Moçambique – chefiado por Pai Jerônimo.
5 – Povo da Benguelê – chefiado por Pai Benguelê.
6 – Povo da Luanda – chefiado por Pai Cambinda.
7 – Povo da Guiné – chefiado por Zum-Guiné.

Na Umbanda, o dia de Omolu pode ser comemorado tanto no dia de São Lázaro, como no dia de São Roque; porém, a maioria de seus filhos lhe dá sua maior devoção no Dia dos Mortos (2 de novembro). Suas ervas são a aroeira, arruda, sete-sangrias, cinco-chagas e outras.

Os filhos de Omolu são pessoas presas à Terra. Dão muita importância ao lucro e à posse. Regidos por um Orixá muito severo, chegam a ser esquisitos com seu comportamento controlado. Dão-se muito a estudos e pesquisas e se dão particularmente bem na medicina e em tudo o que pesquise a vida. Não são dados aos riscos, gostam da segurança e se esforçam para consegui-la. Dificilmente esperam que os outros lutem por eles porque, sendo de uma outra era, têm suas próprias manias; são independentes e individualistas.

Os filhos de Omulu são os que mais sofrem com seus erros, pois seu Orixá, dono das doenças e da morte, não hesitará em usar estes meios para castigá-los. Se não souber conviver com sua vibração, seus filhos poderão se tornar masoquistas, sentindo prazer em mostrar suas tristezas e feridas. Dificilmente se mostrarão satisfeitos com sua vida, qualquer que seja a condição social que alcancem. Entretanto, são capazes de se anularem para proporcionar bem-estar a terceiros, fazendo disso sua maior motivação na vida.

Se sua personalidade lenta e até esquisita não for aceita e respeitada por seus pais, certamente se enclausurarão, alimentando mágoas e rancores que afetarão seu equilíbrio moral e psíquico.

Como esposo, poderá vir a se casar com qualquer das Iabás; porém, encontrará paz e poder casando-se com Nanã e, se houver respeito mútuo, terá glórias com Iansã.

OXALÁ

Não existe dúvida alguma da supremacia de Oxalá sobre os demais Orixás. Com seu caráter obstinado, independente e altivo, foi feito pelo Criador antes de todos os outros. Chamado por diversos nomes (Oxalá, Obatalá, Orixalá), ele é "O Grande Orixá" ou o "Rei do pano branco". Na lenda da criação do mundo, Oxalá é visto tanto como comandante dos demais, quanto como líder do grupo de Orixás Funfum (os de pele branca) que, segundo alguns autores, são os verdadeiros donos do nome Orixá (segundo eles, os de outra cor deveriam ser chamados Eborá). Porém, em nossa terra, todos eles, brancos ou negros, acabaram por ser chamados de Orixá, igualando-se o termo à palavra Imalé, que representa todos os Deuses do além.

O nosso Grande Orixá é o único caso, entre os Orixás, de monogamia; segundo as lendas, ele só se casou uma vez, tendo como esposa Iemowo, uma das sete formas de Iemanjá, e não se dando, como os demais, a aventuras amorosas e a diversos matrimônios.

Oxalá ocupa entre nós o mais alto nível de grandeza. Isso aparece na própria lenda da criação e na guerra entre ele e Oduduá que ocorreu a seguir. Após ter perdido o direito de criar o mundo, já que foi Olofim-Oduduá quem o fez, Oxalá desceu à Terra e convocou todos os imalés para lembrá-los de que ele é que era um Deus, um imortal, o segundo na Trindade, e afirmar que Oduduá nada mais era que um mortal que lhe teria passado a perna. Diante dessas afirmações, alguns o apoiaram e outros, não; dessa divisão surgiu uma guerra na qual os dois lutaram obstinadamente pela supremacia total. O fato de Oxalá não ter conseguido tirar Oduduá de seu caminho fez com que seu poder político enfraquecesse; porém, sua posição religiosa era tão forte, que nunca se perdeu.

Podemos tirar algumas conclusões dessa lenda. Essa terra, que é guiada pela Lei do Carma, não poderia deixar de ser comandada pelos homens, aqui representados pelo poderoso, porém mortal, Oduduá. Na verdade, não existe a derrota de Oxalá; mesmo não sendo dominante, ele está sempre presente. O desejo de Oxalá de ter toda a Terra sob seu comando pode ser interpretado como o lado religioso de cada um de nós, tentando não sucumbir diante das dificuldades do mundo material.

Os Orixás Funfum eram em número de 154, e muitos deles sobrevivem como formas de Oxalá. Diz-se na Bahia que existem dezesseis tipos de Oxalá, dos quais dois são mais conhecidos na Umbanda: Oxaguian e Oxalufan. Enquanto Oxaguian é um jovem guerreiro que, em sua obstinação, funda aldeias onde nada ainda existe, Oxalufan é velho e fraco, mas muito sábio.

Sua louvação é: "Epa Babá!" Sua cor é o branco e seu dia da semana é a sexta-feira. Não existe nenhum dia do ano especial para Oxalá, porém todos os festejos a ele se dirigem: não existe gira ou festa de Orixá que não seja em sua homenagem. Suas plantas são o algodão, o boldo e o alecrim, entre outras.

Em número muito reduzido na Terra, os filhos de Oxalá são de personalidade calma, digna de confiança, respeitável e reservada. Extremamente racionais, traçam seu caminho de acordo com sua filosofia de vida, deixando de lado qualquer idéia que não se afine com seu modo de ser. Regidos por um Orixá de magnitude superior, encontram, de certo modo, dificuldades para conviver com os filhos de terra; entretanto, não se preocupam em julgá-los nem copiá-los. Eles vivem a seu modo que, por serem superiores, só poderão ser entendidos por eles mesmos. Entretanto, se não souberem conviver com as qualidades de seu Orixá, poderão vir a ter mania de superioridade, mania de limpeza e excesso de franqueza, tornando-se o que comumente é chamado de "donos da verdade e do mundo".

Como esposo, o filho de Oxalá seguirá a conduta de seu Orixá: sabe-se que ele é o único que se casou apenas uma vez. Sua predileta poderá ser uma filha de Iemanjá, já que foi com a mais velha delas que viveu por todos os seus dias; porém, encontrará paz e sossego com as filhas das Iabás mais resignadas (Oxum e Nanã).

EXU

O mais humano dos Orixás africanos não é de todo mau, nem de todo bom. Possui todas as nossas qualidades e defeitos, é um complexo de contradições. Adora causar discórdia entre os que o rodeiam, não interessando se são homens ou Orixás. De temperamento irreverente, indecente e sarcástico, poderá vir a ser o melhor dos servidores, bastando para isso que regularmente receba ebós ou oferendas. O filho de Umbanda deverá lhe prestar obrigações, no mínimo, três vezes ao ano; se não o fizer, pode esperar que seus caminhos fiquem fechados.

Os missionários, imediatamente após conhecer os atos de Exu, afirmaram que ele era o diabo. Se isso fosse verdade, todos os seres humanos também o seriam, pois é com ele que mais nos parecemos.

Exu é o Orixá que serve de intermediário entre os deuses e os homens. Segundo a Umbanda, Exu não reina na cabeça de seus filhos, mas é ele quem os guia, já que os outros Orixás, que habitam um plano mais elevado, deliberam sobre o destino de seus filhos, para que Exu o execute. O tamanho da atuação de Exu na Terra está definido em seu próprio nome: Exu significa esfera, o que indica que ele estará em qualquer lugar desta superfície e que, certamente, é do tamanho da própria esfera da Terra. Como só ele, e mais ninguém, tem tamanha influência sobre nós; e como ele não tem compromisso com a realização do que é correto, certamente não cumprirá à risca as determinações que favoreçam os homens que não o respeitam.

Suas louvações são: "Exu ê Mogiba", que significa: "aqueles que se reúnem nas encruzas" (pois todas as madrugadas os Exus se reúnem nos cruzamentos para receberem informações sobre o que deverão fazer com seus filhos no dia seguinte); "Laroiê Exu", que significa: "Exu não carrega fardo para ninguém". Isso significa que cada um deve carregar sozinho seu próprio fardo, a menos que esteja disposto a pagar o preço que Exu considera justo por seu auxílio. Jovial, vaidoso e astuto, ele gosta de se pentear com um topete alto, onde esconde uma lâmina afiada. Isso deixa claro que, sem o preço certo, não servirá a ninguém ou, se o fizer, a lâmina certamente danificará a razão do empenho (o fardo se carrega na cabeça).

Muitas são as lendas que mostram a personalidade de Exu. Não foi só na criação do mundo que ele desrespeitou Oxalá; em outra história, ele envolveu Oxalufan (Oxalá velho) numa situação constrangedora. Diz essa lenda que Oxalufan, contrariando as recomendações de Orumilá, insistiu em visitar Xangô. Durante a viagem, Exu lhe causou tantos transtornos, que os soldados de Xangô, pensando que ele era um ladrão, o espancaram e o prenderam. Esse desrespeito ao grande Orixá trouxe para o reino de Xangô sete anos de seca para a terra e esterilidade para as mulheres. Essa lenda, além de falar sobre Exu, mostra que o castigo nunca deixará de atingir os homens de pouca fé, que atentam contra o Senhor.

Em outra lenda, Exu não perdoa à mulher que, por se atrapalhar com a hora, foi trabalhar na feira, antes de servi-lo. Por causa disso, Exu incendiou sua casa e, enquanto ela corria para apagar o fogo, os ladrões roubaram todas as suas mercadorias. Depois de tudo, Exu disse, com a maior das simplicidades, que nada disso teria acontecido se ela o tivesse respeitado. Obviamente, essa lenda serve para alertar a todos sobre suas obrigações para com o Orixá.

Exu, na terra, é quase um Rei; mas reinado mesmo ele tem durante a Quaresma, o período de tempo entre o Carnaval e a Páscoa. Nessa época, os Orixás se reúnem, como que para fazer um balanço do ano que passou, e deixam toda a Terra nas mãos de Exu. É por isso que nenhum filho de terra deve deixar chegar o Carnaval sem entregar uma obrigação a Exu.

Dentro do terreiro, Exu tem tratamento diferenciado. Ele deve sempre ter casa própria, logo na entrada; e deve sempre ser alimentado antes de qualquer gira. Essa primazia lhe é dada para neutralizar sua vontade de criar confusão.

Como Exu é o intermediário entre os deuses e os homens, também estará sempre em qualquer jogo adivinhatório; e, por conta de sua personalidade, muitas vezes, o jogo que é feito para cuidar do santo e do destino dos filhos de terra é usado de forma errada, atendendo a finalidades mesquinhas e materiais.

Nas lendas, quando se fala da idade de um Orixá, quer-se falar de sua maturidade e sabedoria. Exu, que é o rei da contradição, novamente se mostra diverso: em duas lendas distintas, luta com Oxalá e Obaluaê, para provar que é mais velho do que eles; mas sai perdedor nas duas demandas. Na verdade, sua idade deve coincidir com a da criação da primeira porta, fronteira ou cancela celeste; pois, se o Criador o fez para ser um guardião, ele certamente é do início dos tempos. O fato de ter perdido para seus oponentes mostra que dificilmente uma pessoa de espírito jovem sobressairá entre os de espírito velho (Omolu e Oxalá) no campo da sabedoria.

Exu é um servidor para qualquer situação, que consegue realizar o melhor ou o pior em relação a qualquer assunto, independentemente de moral ou ética; a melhor definição de Exu é a que diz o seguinte: "Exu faz o erro virar acerto e o acerto virar erro".

Na Umbanda, além de não governar a cabeça de seus filhos, Exu não é considerado um Orixá. Em suas falanges, apresenta-se como Guia protetor. Na verdade, o que muda é apenas o nome, pois, Orixá ou guia, a forma como se apresenta sua personalidade ou caráter continua a mesma.

Segundo Omolubá, autor de livros sobre Umbanda, os Exus se classificam da seguinte forma: cada Linha tem ligação com um Orixá e uma área de atuação. Os Exus se dividem em sete categorias: a primeira é o comando; a segunda é fiscalizadora das demais; a terceira e a quarta são formadas por Exus de luz, sendo que na terceira estão todos os que têm o nome de seu chefe; da quinta à sétima estão os Exus Quiumbas, de pouca luz. As sete Linhas (que Omolubá chama de Focos) são:

1 - Marabô - ligado a Iemanjá, tem atuação sobre toda a orla marítima e áreas de pesquisa científica.

2 - Sete Encruzilhadas - ligado a Oxalá, tem atuação sobre as pequenas cidades, altos de montanhas, estradas do interior, encruzilhadas e proximidades de lugares santos, como templos ou igrejas.

3 - Caveira - ligado a Omolu, reina nos cemitérios e em encruzilhadas próximas a eles.

4 - Sete Capas - ligado a Oxóssi, atua nas encruzilhadas perto das matas e nos hospitais; são os desta Linha que desligam o fio de vida dos que devem desencarnar.

5 – Tiriri – ligado a Xangô, está nos tribunais, assembléias públicas e pedreiras; é a ele que devemos pedir ajuda sobre a justiça dos homens.

6 – Veludo – ligado a Oxum, atua nas cachoeiras, rios, lagos, penitenciárias e maternidades.

7 – Tranca-Rua – ligado a Ogum, reina em todas as ruas e encruzilhadas das grandes cidades.

Qualquer Exu que estiver da terceira categoria para baixo deverá respeito a um desses chefes.

Embora cada Exu tenha ligação com um Orixá, seu comandante supremo é Ogum, pois ele é o dono dos caminhos. As Pombas-Giras também são ligadas a esses chefes. Maria Padilha prefere estar com Tranca-Rua e Maria Molambo prefere estar no foco de Oxum.

Exu não tem hora nem dia: qualquer momento é tempo de Exu. Sua única preferência é pelas horas da noite. Suas cores são o vermelho e o preto e suas ervas são todas as pimentas, a urtiga, o picão-roxo e outras.

CONSIDERAÇÕES FINAIS

Através dessas descrições, vocês – pais, filhos ou cônjuges – terão condições de conhecer melhor a si mesmos e a seus familiares, e entender que suas discórdias ou desavenças, baseadas no desejo de uns quererem mudar os outros, estão completamente equivocadas. Cada um é o que o dedo de Deus quis e fez; cada um é regido pela influência de um Orixá criado por Deus; cada um só será grande e vitorioso se encontrar a mão amiga de seus familiares e se se unir a eles para percorrer o caminho do destino, esquivando-se de mágoas, rancores e desrespeitos que tanto incomodam. Aquele que, depois de ter lido essas palavras, insistir em querer mudar seus semelhantes ou em não os aceitar do jeito que são, no mínimo, pensa que é Deus, pois o que o Criador fez somente ele poderá mudar.

Ao contrário do que possa pensar o leitor, os Orixás não possuem erros ou defeitos. Porém, o Criador fez tudo com dois lados: para o belo, fez o feio; para o certo, fez o errado; para cada virtude ou qualidade, fez seu oposto. O filho de terra chega aqui como uma balança: num dos pratos está a influência de seu Orixá; no outro, sua consciência e inteligência individual. O que poderá fazer com que as qualidades de seu Santo se transformem nos defeitos opostos será unicamente a força que ele dê a suas fraquezas pessoais; mas essas fraquezas podem ser superadas se lembrarmos de que somos almas em evolução e que, por isso, devemos trabalhar por nosso crescimento.

Nas instituições de ensino, as crianças e adolescentes também sofrem muito com os conflitos entre os Orixás. Nossas escolas têm a tendência de achar que todos são iguais e, por isso, dirigem todos pelas mesmas regras, tachando-os de aprovados ou reprovados, inteligentes ou burros, comportados ou desordeiros, sem pensar nas qualidades individuais. Mas esse modo de governar as escolas é errado; a história prova que vários cientistas renomados tinham dificuldades no tempo escolar e, posteriormente, se mostraram sábios. O fato de serem "avoados" e não terem habilidade para se concentrar numa explicação morosa e repetitiva é mais que normal para quem tiver a influência de um Orixá regido pelo elemento ar, pois são rápidos de raciocínio e, sendo crianças, ainda não se adaptaram a outro ritmo. Por isso, acabam por brincar ou "voar" durante a aula.

As crianças de natureza inquieta e agressiva, que aproveitam toda oportunidade para lutar por suas vontades ou ideais, nada mais são do que os filhos dos Orixás guerreiros, regidos pelo elemento fogo. Se, porventura, em nome de um método de ensino, esses alunos forem punidos como desordeiros, logicamente se revoltarão e correrão o risco de se marginalizar, pois dificilmente darão o braço a torcer.

Outra situação muito freqüente no ensino envolve os filhos de Omolu. Sendo eles muito dados aos estudos, costumam se tornar professores; levando em conta tudo o que já foi dito sobre a diferença de mentalidade entre Orixás de épocas diferentes, obviamente deverão ser criadas situações conflitantes. O filho de Omolu, que normalmente calaria suas opiniões por se ver em minoria, quando se encontra numa posição de autoridade como professor, pode não saber respeitar os alunos, e acabará por se fazer odiado.

Parte 3

AS CIÊNCIAS ADIVINHATÓRIAS E OS ORIXÁS

Como já foi dito, existem diversas ciências que, através dos símbolos das adivinhações, estudam o comportamento humano. Cada uma, através de suas próprias características, define, usando seus símbolos, o caráter e a personalidade daqueles que a consultarem. Apesar das diferenças existentes entre elas, todas vão coincidir no que se refere ao uso do simbolismo dos quatro elementos (Ar, Terra, Fogo, Água) para descrever seus consulentes. E é sob este aspecto que teremos condições de relacionar essas ciências aos Orixás.

As pessoas podem se classificar, de acordo com a predominância de um determinado elemento em seu caráter, da seguinte forma:

Fogo – as pessoas de fogo são voluntariosas, inteligentemente ativas, líderes; estarão sempre prontas a exercer atos de força.

Terra – as pessoas de terra são intelectuais, passivas, melancólicas, sensíveis, comandáveis; apegam-se muito às instituições sólidas e ao que é material.

Ar – as pessoas de ar são por excelência ativas e apaixonadas; idealistas e otimistas ao exagero, não se apegam ao que é fixo, seguindo idéias e ideais do momento.

Água – as pessoas de água são calmas, conscientes e determinadas; sabem esperar o momento melhor para qualquer ação. Mesmo demonstrando certa insegurança, serão sempre mais tranqüilas que as demais.

É descabido imaginar que uma pessoa seja influenciada apenas por um dos elementos. Da mesma forma que não somos filhos dê apenas um Orixá, seremos regidos por todos os elementos; entretanto, a influência de um deles será geralmente mais forte que a dos demais. Observando sua história e os domínios da natureza que governam, podemos comprovar que os Orixás também são classificados de acordo com os elementos; o elemento de cada um pode ser identificado pela observação de suas características de comportamento. Quando os dados das ciências adivinhatórias (como a Astrologia, a Fisiognomonia e a Quiromancia) fazem com que nos identifiquemos mais ou menos com as características deste ou daquele elemento, essas conclusões deixam implícito que os Orixás relacionados a esses elementos nos estão influenciando da mesma forma. Isso não quer dizer, entretanto, que essas ciências possam ser usadas para determinar qual é o Orixá que rege a cabeça da pessoa: só teremos certeza sobre nossos Orixás através da consulta aos búzios de um Babalaô.

Capítulo 1
A ASTROLOGIA E OS ORIXÁS

SIMBOLISMO PLANETÁRIO E AXÉ DOS ORIXÁS

É fácil demonstrar a correspondência entre os Orixás e os elementos da Astrologia, já que seus símbolos coincidem quase que totalmente. O que se diz de um filho de um Orixá é o mesmo que se diz do nativo de um signo, regido por um determinado planeta que se assemelhe a esse Orixá. Por exemplo, o signo de Áries é regido pelo planeta Marte. Vejamos se esse planeta realmente se assemelha ao Orixá Ogum, que a ele é associado.

Segundo o simbolismo da Astrologia, o elemento a que pertence Marte é o fogo; seu metal é o ferro; sua cor é o vermelho; seu dia é a terça-feira; sua pedra é o rubi ou outra pedra vermelha; e sua flor é o cravo ou outra flor vermelha. Entre os axés do Santo, veremos que o elemento de Ogum é o fogo; seu metal é o ferro; na Umbanda, sua cor é o vermelho e seu dia é a terça-feira; sua pedra é avermelhada e suas flores são todas as flores vermelhas.

Como tais coincidências se repetem para todos os planetas, podemos afirmar que, ao Sol, corresponde Oxalá; à Lua, Iemanjá; a Mercúrio, Oxóssi; a Vênus, Oxum; a Marte, Ogum; a Júpiter, Xangô; e a Saturno, Omolu e Nanã Buruquê. Não levamos em conta os planetas exteriores

(Urano, Netuno e Plutão), porque o esquema mais tradicional da Astrologia é anterior à descoberta destes 3 planetas. Iansã pertence a dois elementos ao mesmo tempo (fogo e ar); esta combinação não pode ser associada a nenhum planeta, mas à posição de dois dos ângulos mais importantes do mapa: o signo Ascendente (o signo que subia no horizonte na hora do nascimento), que representa nossa personalidade mais aparente, e que é regido por Áries, um signo de fogo e de Marte; e o Descendente, oposto a ele, que representa as outras pessoas que buscamos para nos relacionarmos, e que é regido por Libra, um signo de ar e de Vênus.

OS ORIXÁS E O MAPA ZODIACAL

Para melhor entendermos como se faz a ligação entre os elementos e nossos Orixás, vejamos o desenho do mapa zodiacal anexo. Este desenho mostra que, com exceção do Sol e da Lua, cada planeta rege ao mesmo tempo dois signos. Um deles é seu domicílio diurno, que corresponde a características mais conscientes e mais perto da superfície da personalidade; o outro é o domicílio noturno, que simboliza seu lado mais inconsciente, mais profundo e escondido. Sendo assim, se fizermos a correspondência entre os Orixás e os planetas, observaremos que cada um deles também terá um lado mais aparente ou mais forte, relacionado às características do elemento do signo que é seu domicílio diurno; e um lado mais escondido, ligado às características do elemento de seu domicílio noturno. Se olharmos o Sol e a Lua como o par que realmente são, poderemos considerar que o domicílio de um será seu próprio domicílio diurno e o noturno do outro.

Ogum, por exemplo, tem seu lado diurno de fogo e o noturno de água, assim como Oxalá, Xangô e Iemanjá. Oxóssi e Oxum têm seu lado diurno de ar e seu lado noturno de terra; já Omolu e Nanã têm seu lado diurno de terra e o noturno de ar. Vejamos como isso corresponde às características dos Orixás. Ogum em fogo é Áries, que é agressividade e coragem; em água é Escorpião, que são impulsos emocionais profundos. Vênus em ar é Libra, a busca da harmonia e da paz; em terra é Touro, a fecundidade e sensualidade. Oxóssi em ar é Gêmeos, o uso da mente para as espertezas e invenções; em terra é Virgem, o uso da mente para fazer coisas para os outros. Oxalá em fogo é Leão, o signo do brilho e da autoridade; em água é Câncer, sua fertilidade como pai de todos os seres vivos. Iemanjá em água é Câncer, o carinho e cuidado da grande mãe; em fogo é Leão, o poder disfarçado que ela exerce na família. Iansã em fogo é Áries, a independência e impetuosidade;

Mapa Zodiacal

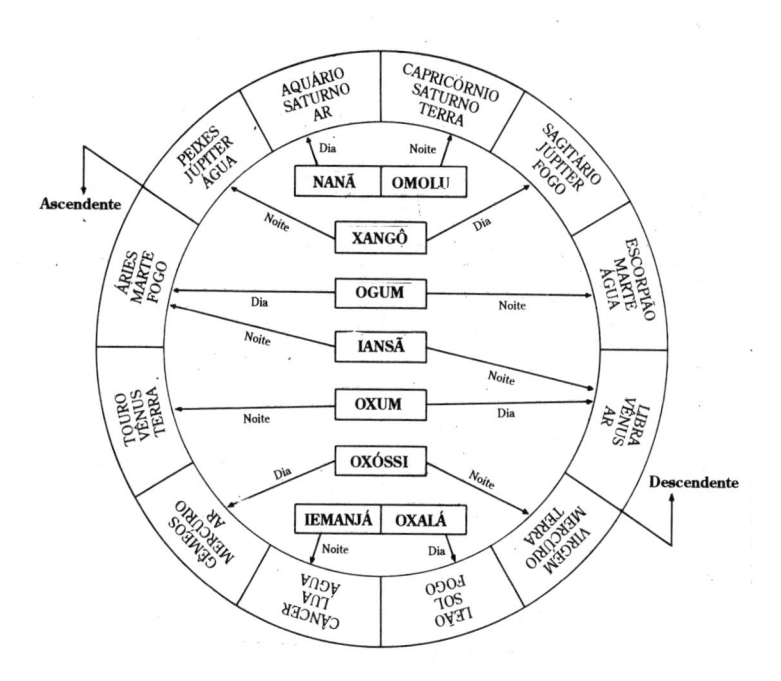

em ar é Libra, a sedução e o companheirismo. Xangô em fogo é Sagitário, a busca de valores superiores para reger a vida; em água é Peixes, o desejo de se sacrificar pela coletividade. Omolu e Nanã, em ar, são Aquário, os ideais firmes usados para limpar o mundo de seus atrasos; em terra, são Capricórnio, o senso de limites e de responsabilidade.

Ainda observando o mapa zodiacal, percebendo a ordem em que os planetas se dispõem quando são escritos no centro do círculo em relação aos signos que regem, temos condições de tecer considerações a respeito da relação de idade entre eles e, conseqüentemente, sobre como esta idade, referindo-se aos Orixás, irá influenciar os filhos de terra.

A Lua, que está no ponto chamado de Fundo do Céu, é a mãe, a genitora de todos; da mesma forma, Iemanjá é a mulher que comanda, que traz para si as responsabilidades. O Sol é o pai, assim como Oxalá é o dono do exemplo maior; Mercúrio representa os primeiros quatorze anos de vida, assim como Oxóssi representa a influência jovem e o desprendimento; Vênus representa o tempo dos quatorze aos 28 anos de idade, enquanto Oxum simboliza a época dos amores (já que este Orixá é dona de todos os corações); Marte representa o período dos 28 aos 42 anos de idade, enquanto Ogum simboliza a tenacidade e força, tão necessárias nesta época de realizações; Iansã, sendo a combinação de Marte e Vênus, representa as paixões e a independência da fase adulta; Júpiter representa a fase entre os 42 e os 56 anos de idade, sendo que Xangô manifesta aqui seu lado mais filosófico de um Rei na plenitude da sua existência; por fim, Saturno representa a fase que começa aos 56 anos e se estende até a morte; da mesma forma, Omolu e Nanã são os donos da longevidade.

OS ORIXÁS E OS SÍMBOLOS DOS PLANETAS

Para avançarmos nestas comparações entre os Orixás e seus Astros, vejamos o que podem nos dizer os símbolos dos planetas. Todos esses símbolos são formados por diferentes combinações de três figuras básicas: o círculo, a meia-lua e a cruz. Mais que quaisquer considerações teóricas, esses símbolos comprovam a ligação de cada Orixá com, não apenas um, mas vários elementos.

O círculo simboliza o espírito elevado, tudo o que é divino; representa o elemento fogo. A meia-lua simboliza a alma, o pensamento e o sentimento individual, que percorre seu destino com a intenção de se aperfeiçoar; está ligada aos elementos ar e água. A cruz simboliza a matéria, o corpo, as sensações, instintos e ações; está ligada ao elemento terra. Vejamos agora como estas figuras aparecem no símbolo de cada Astro.

SOL - OXALÁ

Seu símbolo é o círculo com um ponto no centro. Essa imagem, representando a própria espiritualidade sem nada que a atrapalhe, não poderia ser mais representativa do modo de ser de Oxalá – o espírito mais elevado.

LUA - IEMANJÁ

Seu símbolo é uma meia-lua virada de lado, como um quarto-crescente. Identifica as filhas de Iemanjá, já que contém o esforço que faz sua alma (o semicírculo externo) para, através do poder que tem na terra, conseguir, como a Lua Nova, transformar-se em Lua Cheia, alcançando sua plenitude ao formar um círculo.

MERCÚRIO - OXÓSSI

Seu símbolo apresenta as três figuras combinadas: o círculo tendo no alto a meia-lua e por baixo a cruz. Além de indicar que ele é o ponto de união entre todos os outros, esse símbolo representa a alma lutando pela evolução do espírito e dominando a matéria; isso certamente é o jeito de ser do filho de Oxóssi que, esquecendo a matéria, busca sempre servir aos outros em nome do bem comum.

VÊNUS - OXUM

Seu símbolo consiste num círculo sobre uma cruz (o espelho da beleza). Representa a espiritualidade em toda a sua plenitude acima da matéria, o que descreve bem as filhas de Oxum, que estão sempre desejando servir, ignorando as questões materiais e sendo mesmo voltadas para a religiosidade.

MARTE - OGUM

Seu símbolo é o escudo do guerreiro, formado por um círculo do qual uma seta (uma forma derivada da cruz) se dirige para o alto. Essa imagem define os filhos de Ogum que, mesmo tendo a impetuosidade da matéria por cima da espiritualidade, o que é demonstrado por sua facilidade em se deixar levar pela cólera, estão sempre buscando se redimir e servir ao próximo, dirigindo sua força para os ideais mais altos.

JÚPITER - XANGÔ

Neste símbolo temos a meia-lua da alma se esforçando para se sobrepor à cruz da matéria. Aqui vemos os filhos de Xangô que direcionam os resultados de seu crescimento no mundo material para servir a seus semelhantes de acordo com seus ideais e bons sentimentos.

SATURNO - OMOLU

Seu símbolo é uma cruz que se sobrepõe a uma meia-lua. Significa que, enquanto estamos vivendo no mundo material, nossa alma somente poderá crescer dentro dos limites impostos pelas necessidades do nosso corpo.

OS ORIXÁS E AS DIGNIDADES E FRAQUEZAS DOS PLANETAS

Para completar este estudo sobre a relação entre os Astros e os Orixás, vamos analisar as correspondências que podem existir entre, por um lado, os relacionamentos entre os Astros e, por outro, os relacionamentos entre os Orixás. Já vimos, ao analisar as lendas, que certos Orixás se dão bem com uns e entram em conflito com outros; vejamos, agora, como é fácil visualizar essas relações através do que a Astrologia chama de exaltação e queda dos astros.

Cada astro é senhor em sua casa, ou seja, manifesta sua força máxima no signo que é seu domicílio. O signo oposto a este (ou os signos, no caso dos diversos planetas que têm dois domicílios) é chamado de exílio; é o signo em que o planeta encontra os maiores obstáculos e precisa se adaptar às características do "dono da casa". Fica claro que, com exceção do Sol e da Lua, todos os outros astros têm dois domicílios (como já foi apresentado) e dois exílios, onde os tipos de obstáculos encontrados dependerão do regente do signo. O que torna o exílio um signo tão problemático é o fato de que ele é regido por um planeta cujo elemento é incompatível com o do planeta em questão. O planeta também pode se situar num signo cujo regente seja de um elemento diferente do seu, mas que seja compatível; neste caso, diz-se que o planeta está em exaltação: ele está forte, embora não tão forte como em seu domicílio. O signo oposto ao de exaltação é chamado de queda, pois seu regente é de um elemento incompatível com o do planeta; é na queda que o planeta fica mais fraco e quase não consegue se manifestar.

Procuremos agora relacionar as chamadas dignidades e fraquezas planetárias com as amizades e inimizades, com as facilidades e dificuldades de relacionamento entre os Orixás e seus filhos.

SOL - OXALÁ

domicílio - Leão
exílio - Aquário (Saturno - Omolu)
exaltação - Áries (Marte - Ogum)
queda - Libra (Vênus - Oxum)

É fácil entender que Oxalá se dê bem com Ogum, já que o escolheu para seu comandante supremo e que os dois têm em comum a maturidade e a sabedoria. O mesmo, entretanto, não se pode dizer em relação à Oxum que, apesar de ser de paz, pode não aceitar a teimosia de Oxalá e obrigá-lo a ser mais dissimulado. Seu maior conflito, entretanto, será com o senhor da morte e da antiga era, que ele vem substituir com a força da vida.

LUA - IEMANJÁ

domicílio - Câncer
exílio - Capricórnio (Saturno - Nanã)
exaltação - Touro (Vênus - Oxum)
queda - Escorpião (Marte - Ogum)

Sendo Iemanjá o Orixá da água do mar e Oxum, da água doce, é fácil de se entender que elas se darão bem; já quanto a Ogum, basta lembrar a briga entre os dois por causa de Oxóssi para entender suas dificuldades de relacionamento. Quanto a Nanã, por serem de épocas distintas, as duas nunca estarão afinadas.

MERCÚRIO - OXÓSSI

domicílio diurno - Gêmeos
domicílio noturno - Virgem
exílio por Gêmeos - Sagitário (Júpiter - Xangô)

exílio por Virgem – Peixes (Júpiter – Xangô)
exaltação – Aquário (Saturno – Omolu)
queda – Leão (Sol – Oxalá)

Sendo Oxóssi de boa paz, desinteressado em ações fortes ou materiais, deve se dar bem com Omolu, que é o mais austero dos Orixás. Seus conflitos serão com Xangô e Oxalá que, desejando dominar e se impor, embora cada qual a seu jeito, irão ferir o desejo de independência de Oxóssi. Entretanto, no caso desse Orixá, as dificuldades ficarão guardadas, não aparecendo como demandas ou conflitos.

VÊNUS – OXUM

domicílio diurno – Libra
domicílio noturno – Touro
exílio por Libra – Áries (Marte – Ogum)
exílio por Touro – Escorpião (Marte – Ogum)
exaltação – Peixes (Júpiter – Xangô)
queda – Virgem (Mercúrio – Oxóssi)

É fácil entender a relação entre Oxum e Xangô: afinal, ele a escolheu para ser uma de suas esposas, assim como Iansã. As dificuldades de relacionamento entre Oxum e Oxóssi refletem mais as dificuldades entre as características específicas dos signos, e não propriamente entre os Orixás. Suas dificuldades com Ogum ficam claras de se entender pela própria definição dos símbolos dos planetas que os regem: Oxum, o círculo sobre a cruz; Ogum, a cruz dominando o círculo: um é o inverso do outro. Porém, como Oxum é de paz e como Ogum, embora rude, é sábio, eles terão como se entender – o que já não se pode dizer em relação à dinâmica Iansã.

MARTE – OGUM

domicílio diurno – Áries
domicílio noturno – Escorpião
exílio por Áries – Libra (Vênus – Oxum)
exílio por Escorpião – Touro (Vênus – Oxum)
exaltação – Capricórnio (Saturno – Omolu)
queda – Câncer (Lua – Iemanjá)

Capricórnio é o signo que rege o Meio do Céu, o ângulo do mapa relacionado com o sucesso nos assuntos mundanos. Isso combina com o desejo de conquistas de Ogum, fazendo com que ele se harmonize com Omolu, o Rei da Terra. O conflito com Iemanjá não é difícil de entender. Sendo ela uma mãe mandona, ele nunca irá aceitar ficar sob seu tacão. Quanto à Oxum, sua relação com Ogum já foi explicada acima.

JÚPITER - XANGÔ

domicílio diurno – Sagitário
domicílio noturno – Peixes
exílio por Sagitário – Gêmeos (Mercúrio – Oxóssi)
exílio por Peixes – Virgem (Mercúrio – Oxóssi)
exaltação – Câncer (Lua – Iemanjá)
queda – Capricórnio (Saturno – Omolu)

O relacionamento de Xangô com Iemanjá é fácil de entender: ela é sua mãe e foi quem lhe deu de certa forma seu jeito de ser. Seus conflitos são com Oxóssi, que não gosta do autoritarismo nem do modo de agir meio disfarçado de Xangô; e com Omolu, que representa a velha ordem que Xangô quer derrubar para impor seu governo.

SATURNO - OMOLU E NANÃ

domicílio diurno – Aquário
domicílio noturno – Capricórnio
exílio por Aquário – Leão (Sol – Oxalá)
exílio por Capricórnio – Câncer (Lua – Iemanjá)
exaltação – Libra (Vênus – Oxum)
queda – Áries (Marte – Ogum)

Omolu e Nanã se dão bem com Oxum porque a docilidade e calma do Orixá das águas doces combina com a austeridade destes dois. Oxalá e Iemanjá são os grandes rivais dos dois, que lhes tiraram a posição de Mãe e Pai do mundo. Quanto ao conflito com Ogum, basta lembrar de como o Orixá do ferro impôs sua nova tecnologia, vencendo os Orixás das antigas idades.

Capítulo 2

A FISIOGNOMIA E OS ORIXÁS

São muitas as informações que os estudos fisionômicos podem dar a respeito da personalidade das pessoas. Pode-se traçar um paralelo entre os resultados desses estudos e o que conhecemos sobre a natureza dos Orixás, porque a Fisiognomonia também procura identificar os traços característicos que cada um dos quatro elementos coloca no rosto das pessoas. Sabendo-se quais são os Orixás, que são regidos por cada um desses elementos, poderemos identificar, a partir da observação dos traços fisionômicos e de outros traços físicos, os Orixás que estejam influenciando mais fortemente essa pessoa. Isso não significa, entretanto, que essa observação possa dizer quem é o Orixá dono da cabeça da pessoa: só a peneira de um Babalaô é capaz de dar essa informação. Esse estudo serve apenas para descobrir influências presentes (seja qual for sua posição na cabeça do filho de terra), dando ao leitor condição de saber como agir ou tratar seu semelhante de acordo com o que suas naturezas podem oferecer.

ESTUDO DO PERFIL

A simples observação do perfil de uma pessoa já mostra evidências da presença de um ou mais elementos, conforme os traços que os caracterizam apareçam isoladamente ou combinados entre si.

Os indivíduos do elemento Fogo (figura 1), voluntariosos, terão a testa proeminente, sendo por isso chamados de "tipo frontal". A maioria das pessoas que exercem algum tipo de comando terão esse perfil. Esse traço fisionômico aparece mais ou menos acentuadamente nos filhos dos Orixás relacionados aos Astros que regem os signos de fogo; será mais proeminente nos filhos de Xangô (Sagitário) e Iemanjá (ligação indireta com Leão), e menos acentuado nos filhos de Oxalá (Leão) e Ogum (Áries). As filhas de Iansã também poderão ter um pouco desse traço, pela ligação deste Orixá com Áries, o signo que rege o Ascendente.

Os indivíduos do elemento Água (figura 2) apresentam um perfil que é o inverso do de fogo: sua testa é mais retraída e o volume maior está na nuca, mostrando assim uma inversão de posição da proeminência na mesma diagonal. Se observarmos que fogo e água são elementos inversos e complementares, que regem os pares de signos ligados aos mesmos planetas, entenderemos como é lógica essa inversão do perfil. Assim, podemos supor que os filhos de Ogum (Escorpião) e Oxalá (ligação indireta com Câncer) tenham a nuca mais grossa que os filhos de Xangô (Peixes) e Iemanjá (Câncer).

Os indivíduos do elemento Ar (figura 3) terão, não só o queixo proeminente, como também a testa inclinada para trás. Como as pessoas desse elemento têm tendência para as artes e os esportes, o leitor poderá observar na TV que muitos artistas e esportistas têm esse perfil. Pode-se dizer que essas pessoas serão mais joviais ou mais sérias, conforme seu queixo se apresente respectivamente mais proeminente ou recuado. O elemento ar predomina nos filhos de Oxóssi (Gêmeos) e Oxum (Libra); também Iansã, por ser ligada ao descendente que é regido por Libra, participa desse elemento. Essas características também poderão aparecer de modo pouco acentuado em Omolu e Nanã Buruquê (Aquário).

Os indivíduos do elemento Terra (figura 4), da mesma forma como os de água em relação aos de fogo, apresentarão uma inversão de posição da proeminência na sua diagonal. Nesse caso, o queixo será mais retraído e o crânio será mais saliente. Esse traço se encontra nos filhos de Omolu e Nanã Buruquê (Capricórnio) e poderá aparecer em menor grau nos filhos de Oxóssi (Virgem) e de Oxum (Touro).

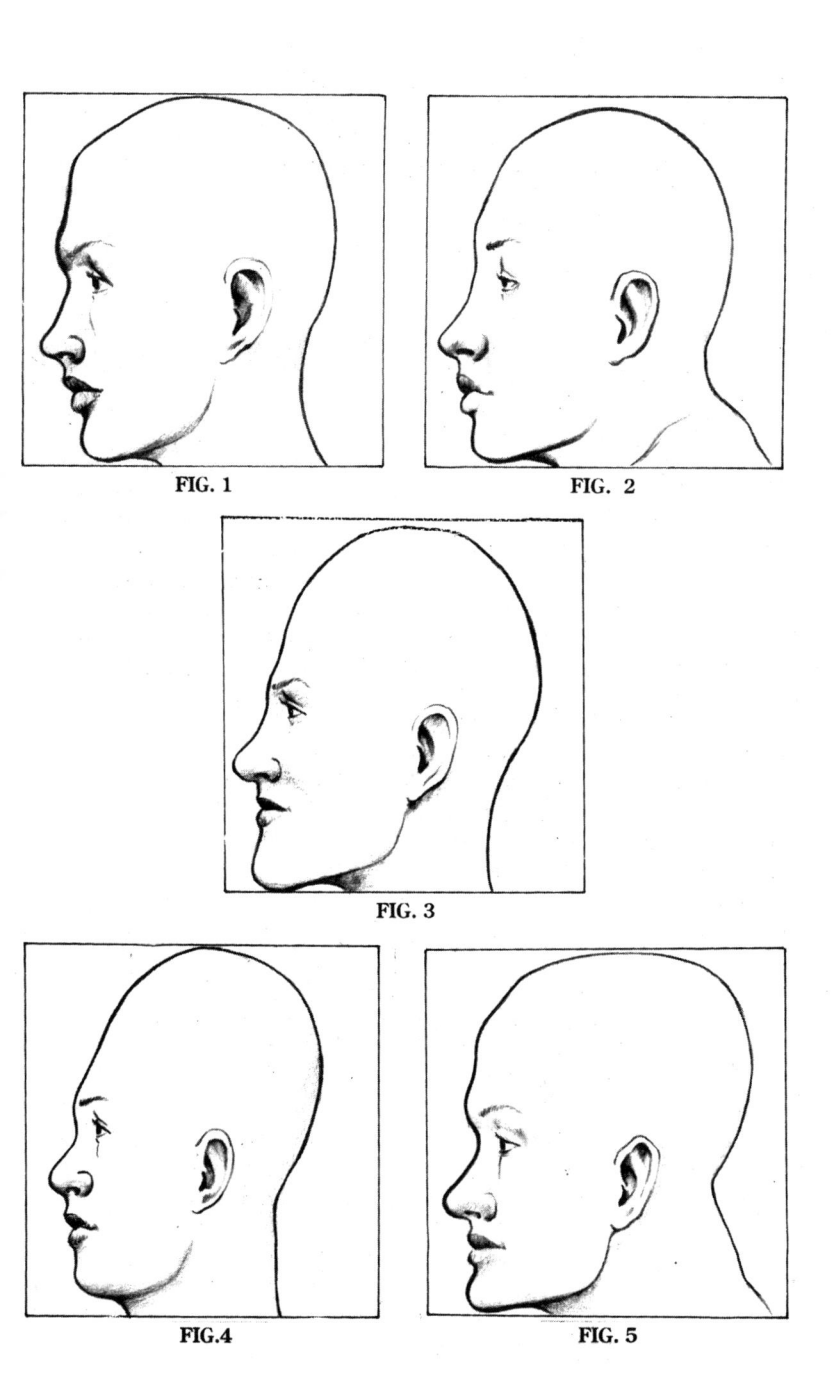

FIG. 1

FIG. 2

FIG. 3

FIG. 4

FIG. 5

É claro que nunca uma pessoa mostrará em seu perfil traços puros de um só elemento; de acordo com as vibrações que predominem em sua cabeça, ela apresentará uma combinação de todos eles. Usemos os filhos de Ogum para dar um exemplo de um perfil com uma combinação de vários elementos (figura 5). Eles não terão o queixo muito recuado, como o de Omolu, mas ele não será tão proeminente como o de Oxóssi. Sua testa terá uma reentrância, amenizando a forma acentuadamente saliente da dos filhos de Xangô.

A PALMA DAS MÃOS

A cor da pele também fornece informações a respeito do elemento predominante numa pessoa. Como o Criador fez quatro raças humanas, cada uma com sua cor (branca, preta, amarela e vermelha), o único lugar do corpo onde podemos observar a influência do elemento na cor é na pele da palma das mãos, que em todas as raças é clara. Costuma-se dizer que a palma da mão é branca, mas essa afirmação é errada. Se compararmos a mão com uma folha de papel branco, iremos ver que as palmas das mãos podem se apresentar em quatro tonalidades diferentes. Cada uma delas se associa a um dos elementos.

As palmas das mãos podem ser:

esbranquiçadas – elemento água – personalidade calma;
escuras – elemento fogo – personalidade voluntariosa;
amareladas – elemento terra – personalidade nervosa;
avermelhadas – elemento ar – personalidade apaixonada.

Essas informações servirão para tirar dúvidas sobre o elemento que predominará numa pessoa que apresentar um perfil múltiplo.

COR DOS CABELOS E DOS OLHOS

Tanto os cabelos quanto os olhos de tonalidade mais escura indicarão uma personalidade mais voluntariosa e nervosa; as tonalidades claras indicarão uma personalidade mais calma e emotiva. Dentro do par fogo-água, elementos ligados aos Orixás Ogum, Xangô, Iemanjá e Oxalá, as pessoas em que predomine o fogo (voluntariosas) terão cabelos mais escuros e densos, enquanto as de água (calmas) os terão mais claros e ralos. O mesmo ocorre dentro do par terra-ar, ligado aos Orixás Omolu, Nanã, Oxum e Oxóssi: os de terra (nervosos) terão cabelos mais escuros e densos, enquanto os de ar (apaixonados) terão cabelos mais claros e ralos. Os ruivos são uma incógnita, e podem misturar características de vários elementos.

O ASPECTO CORPORAL

A respeito do peso dos filhos-de-santo, podemos dizer que os filhos de Omulu e Nanã serão magros, enquanto os de Oxóssi e Oxum terão porte atlético. Os demais terão tendência para engordar, sendo que os de Iemanjá e, principalmente, os de Xangô poderão chegar à obesidade. As Iansãs sempre procurarão ser belas, mas seu aspecto físico dependerá de seu segundo Orixá: se vierem acompanhadas por Omolu, serão magras; bem torneadas, se vierem com Oxóssi; e gordinhas, com Xangô.

Sobre as jóias e bijuterias usadas pelas filhas das Iabás, podemos dizer que sua preferência dependerá do axé que ela tiver na cabeça. Os axés de Iemanjá e de Nanã são pró-prata e os axés de Oxum e de Iansã são pró-ouro; se a filha de terra não tiver nenhuma preferência maior por uma ou outra cor, isso significará que ele tem na cabeça o axé dos dois lados.

VOZ

É dito, no *Livro de São Cipriano*, que os astros têm influência sobre o timbre de voz. Observando as pessoas que nos cercam, podemos confirmar esta afirmação. A partir desse conhecimento, poderemos raciocinar sobre a relação entre os Astros e os Orixás para deduzir as influências que regem a cabeça de uma pessoa a partir da sua voz. Para dar um exemplo bem simples, repare que muitos esportistas, a profissão regida pela influência de Oxóssi (correspondente a Mercúrio), têm a voz descrita no referido livro como a voz típica de Mercúrio. Vejamos quais são esses diferentes tons de voz:

Saturno (Omolu, Nanã) – voz arrastada, estridente, de mau efeito auditivo.

Marte (Ogum) - voz retumbante, potente e incisiva.
Júpiter (Xangô) - voz sonora e doce.
Vênus (Oxum, Iansã) - voz branda, agradável, feminina.
Lua (Iemanjá) - voz melíflua e açucarada.
Mercúrio (Oxóssi) - voz "de cabra" (esganiçada, desafinada).
Sol (Oxalá) - voz firme, clara e autoritária.

Capítulo 3
QUIROMANCIA

Ao contrário do que muitos possam imaginar, a Quiromancia não procura respostas apenas nas linhas da palma da mão. A observação dos dedos, das unhas e dos montes (acúmulos de carne em vários pontos da palma da mão) constitui um conjunto de dados que é capaz de nos informar sobre como o consulente se porta nos campos prático, emocional e material; se é dotado ou não de grande inteligência; de como se comporta no amor, se é ciumento e possessivo ou seguro e racional; se é dado a doenças ou não; enfim, tudo o que se queira saber sobre ele.

Aqui vamos ressaltar apenas a fusão da Quiromancia com a Astrologia, que pode ajudar a entender como cada Orixá deixa sua marca nas mãos de seus filhos. Na palma da mão, todos os astros estão presentes; eles nos informam a respeito de suas influências através do aspecto de seus respectivos montes e dedos.

Os montes se encontram na base de cada dedo (os dois correspondendo ao mesmo astro) e nos bordos externo e interno da palma. Podem ter um aspecto raso (quase ausentes), normal (com pouca carne) ou volumoso (estufado). Quanto mais alto for o monte, maior será a presença de seu Astro ou Orixá correspondente. Olhando a figura 1, podemos identificar os montes.

O monte de Júpiter fica na base do dedo indicador, que também é regido por esse Astro. Se este dedo for igual ou maior que o anular

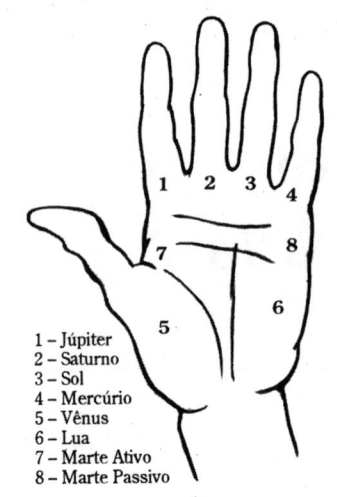

1 – Júpiter
2 – Saturno
3 – Sol
4 – Mercúrio
5 – Vênus
6 – Lua
7 – Marte Ativo
8 – Marte Passivo

FIG. 1

Monte de Júpiter deverá ser desenvolvido para a presença de Xangô e Iansã

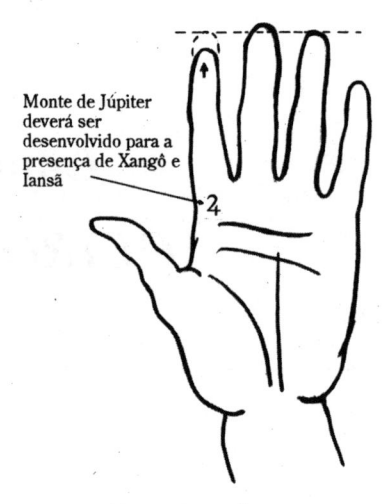

FIG. 2

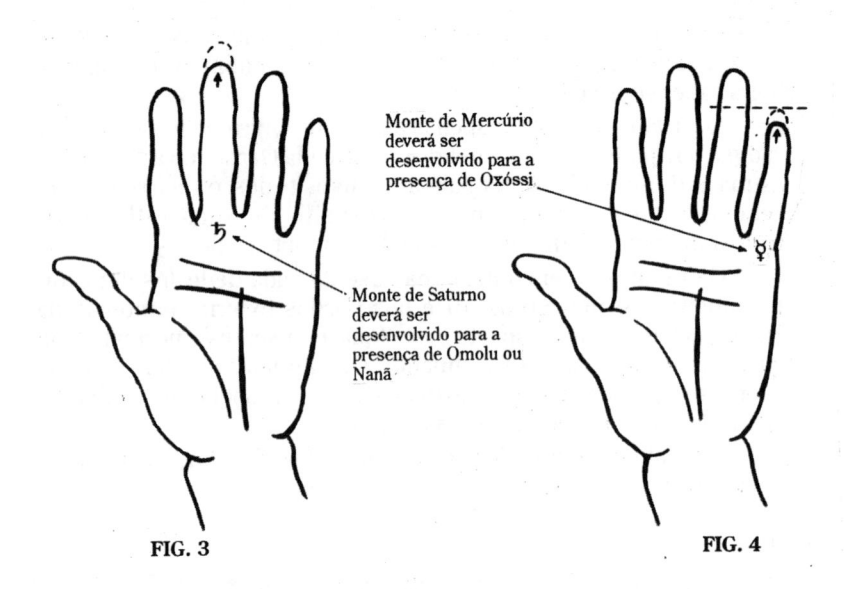

Monte de Mercúrio deverá ser desenvolvido para a presença de Oxóssi

Monte de Saturno deverá ser desenvolvido para a presença de Omolu ou Nanã

FIG. 3

FIG. 4

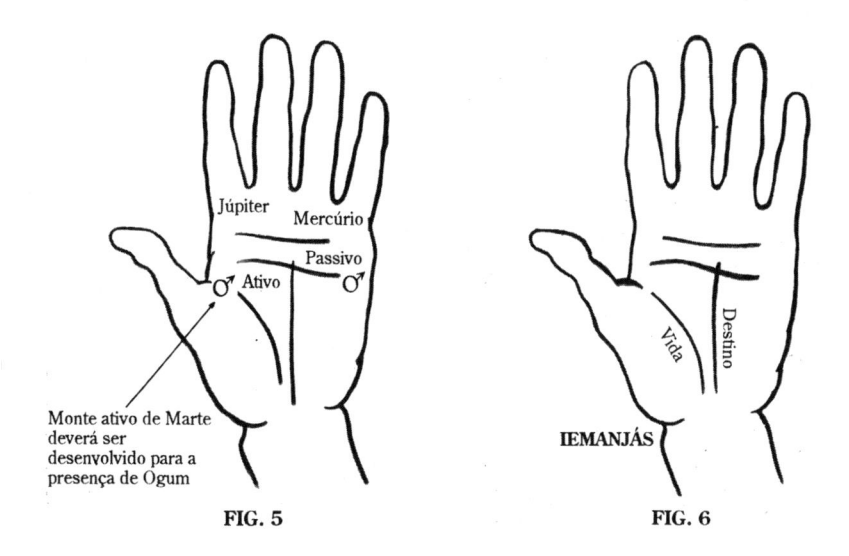

FIG. 5

Júpiter Mercúrio
  Passivo
♂ Ativo ♂

Monte ativo de Marte deverá ser desenvolvido para a presença de Ogum

FIG. 6

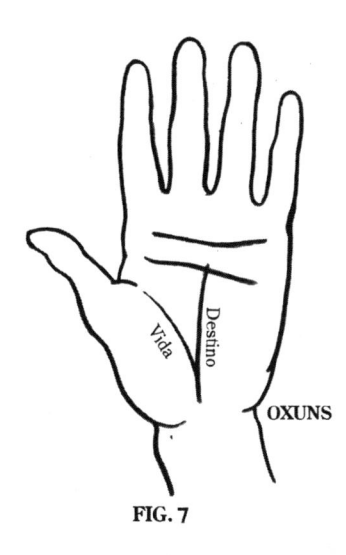

Vida Destino

IEMANJÁS

FIG. 7

Vida Destino

OXUNS

(como mostra a figura 2), poderemos acreditar que a presença de Xangô é forte na vida do consulente.

O monte de Saturno fica na base do dedo médio. A figura 3 mostra como esse dedo alongado indica a influência de Omolu e Nanã.

O monte do Sol fica na base do dedo anular. Se esse dedo for longo (como mostra a figura 3), indicará a presença forte de Oxalá.

O monte de Mercúrio fica na base do dedo mínimo. Como mostra a figura 4, se esse dedo atingir ou ultrapassar a base da última falange do anular, será forte a influência de Oxóssi.

O monte de Vênus fica na base do polegar, que também é regido por esse planeta. Quanto mais saliente for esta parte da palma da mão, maior será a presença de Oxum e Iansã.

O monte da Lua fica oposto ao de Vênus, na borda externa da mão, bem junto do pulso. Se ele for saliente, indicará forte influência de Iemanjá.

Marte possui dois montes, um em cada borda da palma da mão, logo acima dos montes de Vênus e da Lua. O que fica acima do monte de Vênus e abaixo do de Júpiter é o ativo; está relacionado à agressividade. O outro, que fica entre os montes da Lua e de Mercúrio, é o passivo; está ligado ao autocontrole. Como se pode ver na figura 5, um monte de Marte ativo elevado significa forte influência de Ogum.

Observação: Muitas vezes, tanto o monte da Lua como o de Vênus são difíceis de identificar, podendo estar ausentes da palma da mão. Isso deixa a pessoa que não tem prática no exame das mãos em dúvida a respeito dos sinais que estão desenvolvidos. Nesses casos, a observação das linhas da vida e do destino poderá esclarecer a questão, através da aplicação de uma regra simples. Sendo as filhas de Iemanjá (Lua) de natureza individualista, essa característica fará com que, em pelo menos uma das mãos, as referidas linhas se mantenham nitidamente separadas em toda a sua extensão (figura 6). Já as Oxuns (Vênus), que são feitas para servir, terão sempre estas linhas juntas na base da mão.

Parte 4
SOBRE A UMBANDA

Capítulo 1
O INÍCIO DA UMBANDA

No início deste século, mais uma bandeira religiosa se levantava com a intenção de dar testemunho do amor, paz e fraternidade entre os homens. Eram tempos do fim da escravatura. Os Babalorixás, que nos tempos de escravidão tinham de trabalhar às escondidas, agora livres, serviam tanto aos de seu povo, quanto aos brancos. Também nessa época, as casas maçônicas e os espíritas de Alan Kardec já haviam firmado seu lugar; e foi no meio dessa conjuntura religiosa dominada pelos brancos católicos, espíritas e maçons que as raças mais sacrificadas, desrespeitadas e desqualificadas pelos brancos (os negros e índios) começaram a dar início e forma à Umbanda.

Já no fim do século passado, médiuns começavam a incorporar almas de escravos e índios, que vinham na intenção de servir aos vivos; mas esses espíritos não eram aceitos porque, até então, não se conhecia o que mais tarde seria chamado de Linha das Almas. Sendo assim, eram tratados como espíritos de mortos recentes, que precisavam ser afastados. Mas essas incorporações eram o prenúncio do início da Umbanda, que ocorreu a 15 de novembro de 1908, quando o jovem médium Zélio de Moraes foi convidado a participar de uma mesa Kardecista na Federação Espírita de Niterói, na então capital do estado do Rio de Janeiro.

Durante a sessão, Zélio incorporou um caboclo que, sendo recebido pelo chefe dos trabalhos como um espírito sem luz, foi imediatamente advertido para que se retirasse. O caboclo, mostrando seriedade e altivez, interpelou quem o expulsava, afirmando que ali estava para simbolizar a humildade e a igualdade que deve existir entre os homens encarnados e desencarnados; e deixando claro que sua condição de índio não devia servir para diminuí-lo. Diante da insistência do coordenador dos trabalhos no sentido de que se identificasse, apresentou-se como o Caboclo das 7 Encruzilhadas, dizendo que para ele não haveria caminhos fechados. Antes de partir, comunicou que, no dia seguinte, voltaria a se incorporar na residência de seu "aparelho". E assim foi feito; ele voltou e encontrou diversas pessoas que, sabedoras do ocorrido, tinham se dirigido para lá a fim de se consultarem.

Dessa forma aconteceu a primeira sessão de Umbanda, onde o Caboclo, através de passes, cuidou dos enfermos. Um Preto-Velho chamado Pai Antônio também se apresentou e cuidou dos trabalhos de desobsessão. Desde o seu início, portanto, a Umbanda deixou claro que aqui veio na intenção de ensinar sobre a igualdade que deve existir entre os homens e de ajudá-los a encontrar seu caminho de evolução, combatendo as influências negativas.

Capítulo 2
OS PILARES DA UMBANDA

O PENSAMENTO DO ORIENTE

Vêm do Oriente filosofias religiosas que a Umbanda abraçou com a certeza de estar prestando a seus filhos o favor de lhes cobrar atitudes menos materialistas e de forçá-los a agir na via do engrandecimento espiritual. A força desses conceitos religiosos é tal, que só alguém que seja muito teimoso não aceitará raciocínio tão claro.

Afirma o pensamento do Oriente que tudo que tem vida nesta terra, inclusive a própria Terra, está passando por um processo evolutivo. A vida terrena não resume o início, meio e fim da existência. Se estamos num processo evolutivo, a força superior que nos encarnou nessa vida certamente terá condições de refazer essa ação quantas vezes achar conveniente ou necessário.

Carma é uma palavra oriental cujo significado não é bem compreendido aqui. É comum ouvir alguém reclamar da vida dizendo: "É o meu carma". Outros se referem ao carma como conseqüências de vidas passadas; outros ainda dizem pagar pelo carma de outros. É claro que a Lei do Carma está presente em todas essas situações; mas ela não se resume a isso. O carma é como uma lei física que diz que, para toda reação, haverá imediatamente uma reação.

Assim, podemos dizer que, para cada atitude acertada e justa, consciente e correta, haverá recompensas para quem a tomou; essa pessoa obterá paz e caminhos abertos para sua evolução. Porém, para cada atitude impensada, imprudente e irresponsável que assumir, a pessoa receberá maus resultados em seu caminho. Quando Jesus disse para perdoarmos os que nos ofendem e para não julgarmos para não sermos julgados, diz que, com atos maus traremos para nosso dia-a-dia julgamento e condenação imediatos, já que cada um recebe aquilo que fez por onde merecer. O pagamento por atos de vidas passadas é fácil de entender se nos lembrarmos de que somos seres cósmicos, num processo de evolução contínua, e que esta vida é apenas um momento dentro da existência maior; assim, fica claro que, para esta vida, virão as conseqüências dos atos e conflitos de vidas anteriores.

Na Umbanda, esta lei é encontrada no Livro de Xangô: sendo o braço direito de Oxalá, Xangô tem o direito de julgamento e, através desse direito, exerce influência sobre a cabeça e a vida de todos os filhos de terra. É por esse motivo que se diz que todos os filhos de terra têm Xangô na cabeça e lhe devem respeito e devoção. O Livro de Xangô representa o destino de cada um; destino este que, embora já esteja rascunhado, é concluído no dia-a-dia de acordo com o dia anterior.

O PAI MANÉ QUIMBANDEIRO ENSINA SOBRE A LEI DO CARMA

Pai Mané, sendo quimbandeiro, certamente é cruzado com Exu. E se Exu adora uma demanda, seu competidor preferido é Oxalá, que é o maior entre nós. É nesse clima de disputa que Pai Mané nos diz:

– É, meu filho, vocês todos da Terra agradecem a Deus, pedem a Ele do mais simples ao mais impossível. Deus, através de seu filho Jesus de Nazaré, lhes ensinou a aceitar seu destino sem o contestar, pois do contrário estariam atentando contra Sua vontade. Mas vocês insistem em errar. Já que vocês são fracos e não conseguem viver sem implorar por facilidades, devo lhes dizer que antes de Oxalá (que representa a presença de Deus) ser bom, maravilhoso ou extremamente positivo, Ele é justo! Essa justiça faz com que Ele só dê ao filho de terra aquilo que ele mereça e nada mais. Não adiantarão romarias, novenas, preces ao absurdo, que Ele não dará nada a um que não tenha dado aos demais. Dessa forma, podemos dizer que Ele é a própria Lei do Carma.

– Então, a quem pedir? – insiste o incrédulo.
– A Exu, meu filho. Pois, se existe algum Orixá que se assemelha a vocês de terra, é Exu. Da mesma forma que vocês escondem o erro de um familiar e falam mal do vizinho, Exu é capaz de atrapalhar a vida daquele que o renega e abrir, até mais do que é permitido, o caminho daqueles que o respeitam. Em outras palavras: se você espera receber mais do que tenha merecimento, não peça nada a Deus. Se você quer alguém que lhe passe a mão na cabeça e lhe dê qualquer tipo de facilidade, tente ser amigo de Exu.

JESUS DE NAZARÉ

A Umbanda veio à Terra com os mesmos conceitos de Jesus. Sua missão, além de cuidar de seus filhos-de-santo, é a divulgação do amor, da paz e da fraternidade. Ela cura os males do espírito, trabalha contra energias negativas e, através de palestras em grupos ou individuais, aconselha os homens para que possam buscar sua evolução. De todas as passagens da vida do Filho de Deus na Terra, a que mais se identifica e guia as leis de Umbanda está no sermão da montanha.

Eram tempos de escravidão, imposta pelos romanos e pelos reis locais dominados pelos romanos. Os povos escravizados ouviram de profetas como Isaías e João Batista que o Filho de Deus viria dos céus e os libertaria das opressões que lhes eram impostas. Os revolucionários vislumbravam armas vindas do céu e a queda dos governantes, não se importando com a anarquia que viria a seguir; e os materialistas se imaginavam com as posses e o lugar de seus dominadores. Entretanto, Jesus não veio para servir a alguns, e sim a todos; Ele não veio para dar conforto pela matéria, e sim pelo espírito; não veio para a guerra, e sim para a paz. Como Seus milagres, Sua conduta e Suas palavras já o credenciavam como o Filho de Deus, Ele chegou à montanha para pregar a paz, o amor e a fraternidade entre os homens e, sendo o Filho do Senhor, fez com que cada palavra dita virasse lei. E aos homens Ele disse:

– Bem-aventurado o humilde de espírito, pois dele é o reino do céu.

A palavra *humilde*, em nosso tempo, é sinônimo de pobreza material; mas Jesus se refere àquele que não é ganancioso, que não tem mágoa, revolta ou qualquer sentimento mesquinho, mas só tem a natural vontade de servir a Deus e a seu semelhante.

– Bem-aventurados os mansos, pois eles herdarão a Terra.

Considerando que a Terra está viva, pode-se entender que, para que sua evolução ocorra, ela só aceite em seu ventre os homens de boa vontade.

– Bem-aventurados aqueles que têm fome e sede de justiça, pois serão fartos.

Os homens se fartarão da justiça divina, não da humana.

– Bem-aventurados os misericordiosos, pois alcançarão a misericórdia.

Mais uma vez, a Lei do Carma agraciando a quem se fez merecedor.

– Bem-aventurados os que choram, pois serão consolados.

Não existe em nossa vida nada que não se explique no reino dos céus; toda dor, mágoa ou rancor terá sua justificativa e razão e, com a verdade, qualquer dor será acalentada.

– Bem-aventurados os limpos de coração, pois verão a Deus.

Não só o verão, como terão direito de trabalhar e servir em Seu nome.

– Bem-aventurados os pacificadores, pois serão chamados filhos de Deus.

Todo aquele que pede pela paz, colhe amor e fraternidade entre os homens. Essa é a grande obra divina para a evolução da Terra e de seus filhos.

– Bem-aventurados os que são perseguidos pela justiça, pois deles é o reino dos céus.

Naquela época, os cristãos é que eram os perseguidos, massacrados, torturados e jogados aos leões; a justiça pertencia aos romanos.

Várias perguntas foram feitas a Jesus durante o sermão:

– Quando virá o reino dos céus? – perguntou alguém que ainda não tinha visto que tudo estava ali.

– Observe e não o verá. Ninguém dirá: está aqui ou acolá; pois o reino de Deus está dentro de cada um de vocês. – respondeu Jesus.

Repare que Jesus não fala do tamanho do poder ou da forma do reino dos céus; Ele dá a entender que nós é que o faremos, de acordo com nossa consciência e fé.

Outro incrédulo pergunta: – Como ganharemos a vida eterna?

Jesus responde: – Para viver eternamente, ame a seu Deus o máximo que puder e ao próximo como a si mesmo.

E o incrédulo replica: – E quem é o próximo?

E Jesus diz: – O próximo é a quem tu possas demonstrar misericórdia e compaixão, seja ele conhecido ou não. Pois deverás amar a todos, até a teus inimigos; pois, se amares somente aqueles que te amam, que mérito terás?

Já que Jesus falava dos ricos como exemplo de pecadores, um homem de posses, mas de bom coração, perguntou como deveria proceder. Jesus respondeu:

– Aquele entre vocês que se tornar grande deve ser um servidor; e aquele que aspirar a ser o primeiro deverá ser escravo de todos.

Disse Jesus a quem indagava se ele era mesmo o filho de Deus:

– Se eu não estiver realizando o trabalho de meu Pai, não acredite em mim; mas se estou e mesmo assim não acredita em mim, acredite no trabalho que faço.

Todo religioso deve ter essas palavras na ponta da língua, para se defender do veneno daqueles que, com fel na boca, vêm criticá-lo por estar servindo a Deus. Jesus disse para não jogar pérolas aos porcos, porque eles poderiam usá-las contra quem as jogou. As pérolas são as palavras da fé; os porcos são aqueles que, por não terem ouvidos para ouvir a voz da espiritualidade, acabam por zombar e desrespeitar, não só aquele que falou, mas também ao próprio nome de Deus – o que é por demais temerário.

Quando pedem a Deus que envie exércitos para combater os romanos, Jesus responde:

– Não deve tentar ao Senhor seu Deus. Os romanos são conquistadores; conquistá-los não nos faria diferentes deles.

Quem espera que a obra divina venha a resolver qualquer de seus problemas de terra, está indo contra a vontade do Senhor, que é a de que cada um viva seu destino.

Quando lhe é perguntado como se deve julgar um transgressor, Jesus se exalta e diz:

– Não julgue para não ser julgado; pois você será julgado segundo o mesmo critério pelo qual julgou.

E completa:

– Por que nota o cisco no olho do seu irmão, e não nota a trave em seu olho? Hipócrita! Retire primeiro a trave de seu olho e então enxergará bem claro para retirar a de seu irmão.

Assim vimos os fundamentos que a palavra de Jesus de Nazaré trouxe para a Umbanda. A Umbanda se curva às Leis de Jesus e as segue com seriedade, honestidade e honra. O filho de Umbanda que não se ativer a essas leis, estará indo contra os fundamentos de sua própria religião.

O CANDOMBLÉ

Por obra exclusiva dos homens, existe um enorme preconceito dos umbandistas em relação ao Candomblé. O sacrifício de animais, as magias "negativas", o ritual de deitada de seus filhos-de-santo e as severas regras de disciplina e responsabilidade em relação ao culto são os principais motivos de discordância. Mas como pode uma seita se afastar daquela que a completa? Como alguém conseguirá se sustentar com firmeza tendo um dos pés "bambo"? Como a Umbanda é benevolente em suas regras, não cobra de seus filhos um compromisso pleno com suas regras e serviços, já que, segundo sua lei, cada um deve dar o que se propõe, para receber na mesma proporção. Assim, muitos médiuns passaram a inventar suas próprias leis e a divulgá-las em nome da Umbanda: alguns não respeitam Exu; outros não admitem sacrifícios de animais; outros não admitem qualquer Ebó (comida de santo); outros que não aceitam qualquer roupa que não seja a branca simples; e outros que não aceitam atabaques. Não quero aqui desmerecer o trabalho e a caridade de ninguém; minha intenção é apenas pedir aos irmãos que não pequem pelo preconceito e que entendam que tanto a Umbanda quanto o Candomblé possuem a mesma origem e, por isso, devem se ajudar e se completar.

Você pode perguntar: Por que será que os guias não procuram organizar uniformemente essas casas? Isso não é possível, primeiro, porque os guias não tomam para si as tarefas e responsabilidades de seus filhos; e segundo, porque o guia não conseguirá ser de plena luz se o aparelho não o for.

Mas, então, qual é a atitude certa? Para começar, dê continuidade às suas obrigações de cabeça, dentro da linha que se propôs seguir, e procure saber se seu pai-de-santo também está em dia com as suas. Não se arme com preconceitos porque, sem Exu a nos servir, não teremos firmeza nem segurança em trabalho espiritual algum; e ele só nos servirá se o fizermos primeiro.

O sacrifício dos animais serve para dar vibração de vida; nada é perdido. O Santo só recebe do animal o que o homem não come (pés, rabo, cabeça, penas, órgão da vida); a carne certamente irá para a panela do umbandista. É uma enorme hipocrisia ouvir de um comedor de carne a condenação do sacrifício de animais. Quanto às comidas secas (sem sangue), é comum dizerem que Santo não come. Realmente, ele não come como nós, que temos boca e ingerimos a matéria para dela tirarmos energia. O que o Santo tira da obrigação é a energia espiritual.

Por que o filho de Umbanda aceita as cores do Santo em sua guia como energia, e não a vê nas toalhas, flores ou presentes? Por que o filho de Umbanda aceita como energia as ervas do banho de descarga, e não as flores ofertadas, as ervas que enfeitam o alguidar, os temperos? Por que o filho de Umbanda identifica como energético o local da natureza pertencente a um Orixá, e não vê que os alimentos que brotam desses lugares também o são? Será que é tão difícil entender que na natureza tudo o que se vê como matéria tem seu lado etéreo, que certamente será do reino de algum Orixá? Será que não dá para ver que na cor refletida pela luz, no cheiro de cada cereal, fruta, flor ou tempero, não existe só matéria, mas também uma energia que flui aos céus?

O umbandista só aceita a roupa branca simples; entretanto, ele vê como poderosa a guia de seus santos. Por que não dar a eles todos os seus utensílios, chapéus, cajados, saias, penachos, etc.?

Os atabaques, quando feitos e tratados com os corretos fundamentos, são verdadeiros santos encarnados, que com seus sons e ritmos são capazes de auxiliar as incorporações e de dar firmeza e segurança aos trabalhos. Será que é possível exercermos nossa mediunidade plena sem a ajuda de nosso fundamento?

Muitos umbandistas chamam os trabalhos de magia do Candomblé de "magia negra" ou outros nomes mais pesados. Deve-se entender que este tipo de trabalho, se é feito, é da exclusiva responsabilidade de indivíduos que se vendem, e não têm fundamentos na seita. E são, no mínimo, tolos os que pensam que a Umbanda seria diferente de tudo desta Terra: tudo tem dois lados e a Umbanda tem a Quimbanda que a completa. É comum se ver, nos terreiros de Umbanda, Quiumbas que se fazem passar por Exus de categoria, e ainda guias Quimbandeiros servirem a seus consulentes indo contra o destino de outras pessoas.

Para completar, quero lembrar que um dos guias coordenadores da Umbanda é o Preto-Velho. Os Pretos-Velhos são espíritos que compõem a Linha Africana; e, se são africanos, obviamente devem respeito a tudo o que o Candomblé nos ensina, já que tanto o Candomblé como a Umbanda têm sua origem nos negros escravos e seus Orixás.

APÊNDICES

Apêndice 1
EBÓS (ARRIADAS E TRABALHOS)

Este capítulo é destinado aos incrédulos que pensam que Santo não come. Vamos tentar explicar o porquê de se realizar trabalhos para os santos e qual deve ser o procedimento ético de quem os entrega.

Sabendo-se que cada Orixá reina sobre certas características da terra e que esses elementos fazem parte de seu axé (poder), todo e qualquer indivíduo que reúna numa arriada particularidades representativas desse axé estará exercendo a ação de dar e, assim, tendo o direito, pela Lei do Carma, de também receber.

– Receber o quê?
– O axé do santo.
– O que é isso?

Vamos dar um exemplo. Se um Orixá é dono da saúde e isso é seu maior axé, tendo ele recebido, através de uma arriada, tudo aquilo que representa seu poder, ele terá de devolver na mesma moeda. Sendo assim, seu poder de cura será usado em benefício do enfermo. Seguindo esse raciocínio, quem precisar:

– Do poder da cura: terá de dar o axé de Omolu (que também reina sobre os mortos e as almas).

– Do poder da segurança: terá de dar o axé de Ogum, o que combate o perigo com força para vencer.

– Do poder da paz: terá de dar o axé de Oxalá, o que dá calma e resignação.

– Do poder da justiça: terá de dar o axé de Xangô, tanto para caso jurídico quanto pessoal.

– Do poder da criatividade: terá de dar o axé de Oxóssi, que tem condições de avançar além do horizonte (e também reina sobre os remédios e as aventuras).

– Do poder da sabedoria: terá de dar o axé de Nanã Buruquê, que dá a paz e a graça da longevidade com os ensinamentos da velhice.

– Do poder da maternidade: terá de dar o axé de Iemanjá, que dirige e encaminha para a seriedade da vida.

– Do poder da fertilidade: terá de dar o axé de Oxum, que traz compreensão e fecundidade.

– Do poder contra os Eguns: terá que dar o axé de Iansã, que com sua ventania varre os desencarnados que nos perturbam para a terra dos mortos.

– Do poder do amor, dinheiro, segurança, trabalho e tudo o mais que encontramos no dia-a-dia: terá que dar o axé de Exu.

O procedimento ético que deverá ter aquele que entrega um trabalho depende de como ele encara a finalidade dessa oferenda. É comum ouvirmos que as ofertas se dividem em dois grupos: as que pedem e as que pagam as graças recebidas. Entretanto, pode-se encarar uma oferenda de uma outra forma, como revelam as palavras de Pai Joaquim de Angola, que certa vez ouvi em um terreiro. O homem que o consultava falava assim:

– ... Esta pessoa está atrapalhando demais a minha vida, e eu gostaria que o senhor resolvesse este problema para mim.

O Preto-Velho perguntou:

– O que você quer que eu faça, meu filho? Quer que eu o mate, que eu o afaste ou simplesmente que eu lhe dê minha proteção?

O homem respondeu:

– Não! Matar não! Só quero que o senhor o afaste de mim.

O Preto-Velho falou:

– É, meu filho, você escolheu a opção errada. Da mesma forma como você repudiou a opção da morte, pois não cabe a você decidir o destino de ninguém, também não deveria ter optado pelo afastamento, já que você não sabe se esse é o destino correto.

O homem, então, perguntou:

– Então eu não tenho opção, meu velho?

E o Preto-Velho respondeu:

– Como não, meu filho? Você veio aqui para se livrar de seus compromissos com o destino, ou para ser mais bem conduzido por este caminho? Será que a terceira opção é tão pouco assim? Será que a minha simples proteção não tem valor algum? Cadê sua fé? Cadê a fé na Criação, aquela que você sabe que o fez para colocá-lo diante das provações? Cadê sua vontade de vencer?

Se você pensa que vai entrar no terreiro com a arrogância dos senhores de engenho, que se sentiam donos de todos, saiba que aqui deve chegar como um cordeiro perdido, mostrando felicidade por ter encontrado um pastor para o guiar. Esse pastor não o ajudará a fugir de suas fraquezas, mas lhe dará coragem, segurança e apoio para enfrentar quaisquer que sejam as suas dificuldades.

A moral desta história é a seguinte: é seguindo esse estilo de pensamento que o ofertante deve fazer sua arriada. Ele não deve pedir nada que seja por demais específico; ele pode até ressaltar o assunto que o preocupa, mas nunca dizer quando e como quer receber o que pediu. Ele deve simplesmente ofertar, para ter o direito de ser agraciado com a vibração positiva do Axé, que certamente será temperada com as razões do destino.

Apêndice 2
O SINCRETISMO CATÓLICO

Muitas pessoas se enganam ao pensar que também os santos católicos fazem parte da base da Umbanda. Esse engano ocorre por causa da presença de tantos nomes de santos interligados com os Orixás e suas Linhas.

O uso de nomes de santos católicos ligados aos Orixás vem de muito longe. Já quando os negros caçados, comprados e aprisionados na África eram trazidos para o Brasil nos porões dos navios negreiros, começavam a ouvir os nomes desses santos. Segundo registros da época, esses navios eram batizados com nomes de várias Nossas Senhoras, do Bom Jesus e de santos como Santo Antônio e São José. Mal chegavam às terras onde seriam vendidos, a Igreja começava a tratá-los como pagãos sem religião e, com a intenção de "salvar sua alma", lhes roubava o pouco que lhes restava de sua identidade – seu nome – batizando-os com um nome cristão.

Um décimo dos maus-tratos que sofreram nas mãos de senhores cristãos seria mais que suficiente para que os escravos rejeitassem a nova religião. Para se defenderem de perseguições, voltaram a cultuar seus deuses, mas fingindo cultuar os santos católicos. Dessa forma, em cada região onde existiam escravos, foram sendo escolhidos os santos mais parecidos com cada Orixá. Nanã Buruquê, a mais velha das Orixás, virou Santana, avó de Jesus; Obaluaê virou o leproso São Lázaro; Oxalá virou Nosso Senhor do Bonfim na Bahia e Jesus de Nazaré em outras regiões; Iemanjá virou Nossa Senhora da Conceição na Bahia e Nossa Senhora Aparecida ou Nossa Senhora da Glória em outras regiões; Xangô jovem e viril virou o velho São Jerônimo, por causa do leão que o acompanha (símbolo da realeza) e de seus livros, e também São João Batista, por causa de sua luta com a justiça; Iansã virou Santa Bárbara (cuja morte foi vingada por um raio que matou seus assassinos) e Santa Joana d'Arc (por sua personalidade combativa); Oxóssi virou São Sebastião (padroeiro do Rio de Janeiro) no Rio e São Jorge na Bahia; Ogum virou São Jorge em quase todas as regiões e Santo Antônio na Bahia (por causa de uma imagem sua que foi roubada por franceses protestantes que, ao partirem da Bahia, perderam vários navios numa tormenta, o que pensaram ser por culpa da imagem, que mutilaram e jogaram na água, de onde os franciscanos a recolheram).

Na Umbanda, cada Orixá tem sua Linha, que é formada por outras sete sub-linhas ou legiões. Encabeçando ou integrando essas subdivisões, encontraremos ainda outros santos católicos.

Na Linha de Oxalá temos as Legiões de Santo Antônio (sincretizado com Exu), de Cosme e Damião (das crianças), de Santa Rita, de Santa Catarina, de São Benedito, de Santo Expedito e de São Francisco de Assis. Na Linha de Iemanjá, a Legião da Estrela Guia tem como padroeira Santa Maria Madalena (sincretizada com a Pomba-Gira, o lado feminino do povo de rua e de Exu). As Linhas Africanas têm como patrono São Cipriano, um grande feiticeiro que, ao se converter ao Cristianismo, foi morto por seus antigos senhores; e a Linha do Oriente tem como patrono São João Batista.

A Umbanda, que é guiada pelos Pretos-Velhos (escravos) e Caboclos (índios), os povos sacrificados pela escravidão apoiada pela Igreja Católica, usa seus santos na intenção maior de mostrar que o ressentimento, a mágoa, o rancor e o desejo de vingança são sentimentos mesquinhos que impedem os homens de alcançar a glória de Deus. Na verdade, o sincretismo foi um engambelo, uma mentira que teve serventia no passado e continua sendo adotada hoje; mas tenha o leitor a certeza de que o Orixá nada tem a ver com a pessoa ou a vida do santo, mesmo que se veja a Umbanda utilizar seus nomes, dias, imagens e outras características.

Apêndice 3
A LUA E AS FILHAS DE IEMANJÁ

É mais do que sabido que a Lua exerce influência sobre as marés, a agricultura, o crescimento dos pêlos e unhas, e sobre a própria gestação. Aqui iremos explicar como que essa influência se manifesta no dia-a-dia das mulheres.

Sabe-se que existem astros de natureza masculina e feminina. Os femininos são Vênus, Lua e, de certa forma (pela co-regência com Netuno), Saturno.

Vênus tem duas formas de se mostrar: pelo signo de Touro rege as filhas de Oxum e, por Libra, rege as filhas de Iansã. Isso é fácil de mostrar. Vênus, o astro do amor, faz de suas filhas mulheres sensuais; mas, sendo a sétima casa (morada de Libra) uma casa masculina, como são as de número ímpar, essa sensualidade será mais aguerrida e provocante; sendo o signo o símbolo da justiça, vemos aí as características das filhas de Iansã: mulheres provocantes, guerreiras e justiceiras.

Saturno rege os Orixás velhos; sendo assim, pode ser considerado em parte feminino, já que rege Nanã Buruquê. A ausência marcante da sensualidade e sexualidade na velhice faz com que se confundam em Saturno os aspectos masculinos e femininos, já que ele também rege Omolu.

Vejamos agora como a Lua influencia não só as filhas de Iemanjá, como todos os seres vivos. Logo de início, podemos observar que sua força, embora esteja presente nos homens, se fará sentir mais nas mulheres. Os homens são mais influenciados pelo Sol, seu astro paterno, enquanto as mulheres o são mais por sua mãe.

A presença da Lua na cabeça dos filhos de terra está em relação direta com a proximidade que Iemanjá tem da posição do primeiro Orixá. A maioria das mulheres a terá como seu primeiro ou terceiro Orixá: se ela não for a própria mãe, por sua força e por ser mãe de todos, estará muito próxima de sua cria.

Entremos agora no assunto que queremos destacar neste capítulo. É comum se ouvir que ninguém entende as mulheres, que nem elas mesmas se entendem. Isso ocorre por causa de sua inconstância de humor, seu temperamento emotivo e sua facilidade de mudar de idéia de dia para dia e até de hora para hora. Uma explicação para isso é encontrada no horóscopo diário, aquele que nos informa sobre as influências dos astros em nossas ações e pensamentos de cada dia: quando o astro que influencia um determinado assunto passa por uma localização em que recebe irradiações positivas, sua influência ajudará a resolver qualquer problema referente aos assuntos que ele rege; ao contrário, se ele receber aspectos negativos, esses assuntos estarão prejudicados, e a pessoa deverá escolher com cuidado o momento para agir. Compreender essas influências é importante para que a pessoa saiba se aproveitar das facilidades criadas nos bons momentos e se prevenir para não se machucar nas situações adversas.

Vejamos agora como se dá a influência diária da Lua, que é o que vai causar tantas mudanças, confusões e incompreensões na vida das filhas de Iemanjá.

São duas as formas básicas com que os Astros exercem sua influência diária sobre as pessoas. Por um lado, ao percorrer todo o círculo do Zodíaco, os Astros passam por cada uma das casas em que o Zodíaco se divide: da personalidade, dos bens, do estudo, do lar, dos prazeres, das obrigações, das uniões, das transformações, dos ideais, da vocação, das amizades e dos obstáculos. Nessa passagem, o Astro ativa sucessivamente os planetas que se situam nestas casas (no Mapa Astral da pessoa), através do mecanismo chamado de "trânsito". Além disso, ao percorrer suas órbitas, os Astros vão formando "aspectos". Os aspectos são ângulos especiais que os Astros formam entre si, e que podem ser positivos (60 graus e 120 graus), negativos (90 graus e 180 graus) ou variáveis (conjunção, 0 grau, cujo significado depende dos Astros envolvidos). Um aspecto é considerado negativo quando os dois Astros envolvidos estão em signos cujos elementos são incompatíveis (ar e água, ar e terra, água e fogo, terra e fogo); nos demais aspectos, os planetas estão em elementos compatíveis (ar e fogo, água e terra) ou no mesmo elemento (quando se trata de conjunção).

O que torna tão importante a influência da Lua é o modo como ela se diferencia dos demais Astros, não só por sua proximidade em relação à Terra, como principalmente por sua velocidade. Os planetas demoram meses ou anos para percorrer cada uma das casas do Zodíaco; o mais rápido deles, Mercúrio, demora aproximadamente 15 dias para percorrer uma casa, enquanto Saturno leva quase um ano para fazer este mesmo percurso. A Lua, entretanto, cobre esse mesmo percurso em aproximadamente dois dias; em menos de um mês, terá dado uma volta completa por todo o Zodíaco, ativando todas as casas e fazendo aspectos com todos os planetas.

As casas do Mapa Astral são classificadas de várias maneiras. A primeira se refere ao elemento do signo que é seu regente natural. Por esse critério, as casas de número 1 (o Eu, a individualidade), 5 (prazeres e criações) e 9 (ideais) são de fogo; as casas de número 2 (bens), 6 (obrigações) e 10 (vocação, realização) são de terra; as casas de número 3 (estudo, comunicação), 7 (uniões) e 11 (amigos) são de ar; e as casas de número 4 (o lar), 8 (as transformações) e 12 (os obstáculos) são de água. Podemos perceber, portanto, que quando a Lua passar por uma casa regida por um signo de ar (3, 7, 11) ou fogo (1, 5, 9), sua força e influência serão perturbadas; já quando ela passar por terra (2, 6, 10) ou água, que é seu elemento (4, 8, 12), sua influência será mais benéfica. Em especial nas casas 4 (seu domicílio natural) e 12 (morada de Netuno, que é muito semelhante à Lua), sua força será maior.

A outra forma de classificação das casas diz respeito à posição da casa em relação ao movimento de evolução. Cada três casas simbolizam uma etapa do desenvolvimento da pessoa: a criação das bases pessoais, o desenvolvimento de formas de agir, o relacionamento com os outros e a realização de sua missão no mundo. A primeira casa de cada grupo é chamada Cardeal ou Angular: é o início das coisas. A segunda é a Fixa ou Sucedente: é a solidificação do que foi começado. A terceira é a Mutável ou Cadente: é o arremate e a dispersão do que foi feito. As Cardeais (1, 4, 7, 10) são as mais fortes; as Sucedentes (2, 5, 8, 11) são intermediárias; e as Cadentes (3, 6, 9, 12) são as mais fracas. Por aí podemos entender também que, conforme a Lua esteja passando por uma casa de um ou de outro tipo, sua influência será mais ou menos forte.

Quanto aos aspectos e à influência indireta dos Planetas regentes das casas por onde a Lua passa, o estudo do Mapa Zodiacal mostra que as casas 1, 8, 10 e 11, regidas por Marte (o "pequeno maléfico") e por Saturno (o "grande maléfico") são aquelas em que a Lua poderá estar em situação tensa; já as casas 2, 7, 9 e 12, regidas por Vênus e Júpiter, exercem uma influência boa e as casas 3, 4, 5 e 6, regidas por Mercúrio, Lua e Sol, são neutras.

Mais atingidas pela influência da Lua, as filhas de Iemanjá irão mudar de postura, de raciocínio e de ação a cada mudança de posição do astro. Essas alterações, ao envolver a mudança de uma para outra casa do mapa, levarão a instabilidade característica da Lua aos diferentes campos de atividade da vida: dinheiro, saúde, trabalho, amores, vida doméstica, estudos, etc.; ao envolver a passagem de um para outro signo, ativarão as possibilidades de viver os conflitos e as alegrias já descritas ao se estudar as relações dos Orixás com as dignidades e fraquezas dos astros; finalmente, ao envolver a formação de aspectos harmoniosos (ângulos de 60 graus ou 120 graus) ou tensos (ângulos de 90 graus ou 180 graus) com os astros do mapa natal, irão ativando rapidamente as características ligadas a cada um deles.

Quando um planeta lento forma um aspecto com outro, o tempo que se passa entre a aproximação e o afastamento dos dois permite que o significado do aspecto seja compreendido e assimilado; entretanto, a passagem rápida da Lua faz com que ela forme aspectos diferentes a cada dia, harmoniosos ou tensos, que se sucederão sem que a mulher tenha tempo sequer de tomar consciência do que está acontecendo. Entretanto, tal dificuldade dada às mulheres, antes de ser um castigo, é uma dádiva, pois é sabido que é nas dificuldades que as almas encontrarão maiores oportunidades para sua evolução.

Diante disso, tudo o que tenho a aconselhar à filha de terra é que, quando perceber que está num dia negativo, tente se conter nas brigas; pois, se alimentar a raiva e o rancor nesses dias, correrá o risco de, logo a seguir, não ter paz suficiente para aproveitar os dias bons.

COMO CHEGAR AO AUTOR

José Luiz Lipiani é morador da cidade do Rio de Janeiro, onde após 20 anos de aprendizado com as consultas ministradas por seus guias espirituais, recebeu como missão a tarefa de transmitir por meio de livros seus conhecimentos às pessoas.

Caso o leitor deseje manter contato com ele, comunique-se com a Pallas Editora e diga que tem interesse em:

1 – se consultar com os guias espirituais do autor;

2 – convidar o autor a dar palestras em casas de caridade ou terreiros;

3 – conhecer o seu psiquismo, por meio do método astrológico do autor, a fim de conhecer como este pode lhe ajudar a se tornar um indivíduo melhor e mais desenvolvido espiritualmente;

4 – participar da formação de grupos de estudo para conhecer o método de "Psicologia Dinâmica através da Astrologia";

5 – conhecer os mistérios dos traços faciais e/ou participar da formação de grupos para o curso de "Diagnóstico da Personalidade através da Fisionomia";

6 – conhecer os mistérios do amor. Saber como encontrar pela observação da fisionomia a sua alma gêmea. Saber como diferenciar o seu par natural do seu par ideal (aquele que será o seu par eterno). Saber se o seu par natural é o ideal, e se não for, como transformá-lo num amor duradouro;

7 – entender o porquê da compulsividade dos alcólatras, dos drogados, dos gulosos, dos tímidos e conhecer a solução que a astrologia fornece;

8 – convidá-lo a participar de debates sobre qualquer dos temas acima mencionados.

9 – saber por meio da Astrologia, como Deus cria a personalidade dos homossexuais, a fim de poder por fim aos preconceitos da sociedade em que vivemos.